纪念王音旋先生
逝世十周年

王音旋纪念文集

第二卷
学　论

主　编

刘晓静

分卷主编

孙志鸿　罗余瑛

文化艺术出版社
Culture and Art Publishing House

目 录

创作与表演研究

附　录

前　言

孙志鸿[*]

　　我国著名歌唱家、民族声乐教育家王音旋先生于 2013 年 10 月离世，距今已有十个年头。时光的脚步匆匆而过，先生留下的记忆却依然清晰。通过这些回忆，我们倾诉着对一位老人的怀念之情。那些她曾经演绎过的旋律不时在耳边回荡，那些密密麻麻、字迹工整的教学笔记仿佛让我们看到她深夜在台灯下认真备课的身影，那些温暖人心的音容笑貌依旧在脑海中浮现，先生一生坚守的艺匠精神正代代相传……

　　王音旋先生是山东艺术学院老一辈教育家中高尚人格和情操的代表，正是由于这一代人的坚守和无私奉献，塑造了山艺精神和灵魂，并世代传承下来，使得山东艺术学院的知名度和美誉度在全国同类院校中名列前茅。她培养出一大批著名的声乐表演艺术家与教育家，如彭丽媛、王世慧、罗余瑛、贾堂霞等；她将"咽音"的演唱技法进行细致的改良，运用到教学当中，为我国民族声乐研究开辟了一片新的领域；她发表、出版了《民族声乐教学有关问题的探讨》《在民族声乐教学中运用"咽音"解决学

---

*　　孙志鸿，男，山东艺术学院音乐学院副院长，二级教授，硕士研究生导师。山东省有突出贡献的中青年专家，山东省优秀研究生导师，山东省第二批签约文艺评论家；国家社科基金同行评审专家，国家艺术基金评审专家，第 35 届山东省社科优秀成果评奖专家文化学组召集人，山东省通俗文艺研究会副会长。

生的难点》等学术论文，以及《民族声乐教材》等实用性声乐教程，为我国民族声乐教育做出了杰出的贡献。王音旋先生作为时代的楷模，为我们留下了宝贵的艺术经验、实践范式和精神财富，为我们继续研习民族声乐艺术，培养民族声乐人才，创造更加绚丽多姿的具有中国风格、中国特色、中国气派的艺术美景奠定了坚实的基础。

本卷分为三部分，第一部分为王音旋先生的个人文论，第二部分是对王音旋声乐教学的研究，第三部分是对王音旋及其爱人金西在创作与表演领域的研究。

第一部分收录了王音旋先生的六篇文章。第一篇是《〈金西创作歌曲集〉前言》。该文全面介绍、总结了金西先生的艺术经历、艺术成就与艺术思想，字里行间流露着对金西先生的眷恋与怀念之情，夫妻之情感人肺腑。第二篇是《民族声乐教学有关问题的探讨》。从"关于发声和呼吸""关于民族语言和地方风格""关于歌唱的感情和舞台实践"三个方面，系统阐述了民族声乐教学的要点，并配以大量谱例，具有较好的实践参考价值。第三篇是《我和彭丽媛》。王音旋先生回忆了与彭丽媛教授从1977年开始的师生情谊。在先生的悉心指导以及个人努力奋进下，彭丽媛教授在毕业之前已在歌坛具备了一定的影响力。毕业之后，彭丽媛教授仍与王音旋先生保持着亲密的联系，师徒之情感人至深。第四篇是《在民族声乐教学中运用"咽音"解决学生的难点》。该文从实践的角度，系统地总结了"咽音"的训练方法和理论内涵，生动形象地阐释了"咽音"对于拓宽音域、改善音色的作用。第五篇是《我是怎样培养彭丽媛的》。该文从技巧、风格、语言、情感、思想等方面，总结提炼了王音旋先生针对彭丽媛个人特点所制定的训练内容。第六篇则是有关前卫文工团的历史回忆。新中国成立之初，虽然工作条件艰苦，但王音旋先生与她的战友们仍以极大的革命热情四处奔波，为军区战士带来了精彩的文艺演出，从中可见先生为工作奉献青春的自豪与热情。这六篇文章从事业、学子、亲人三个维度，勾勒出王音旋先生伟大而坚强的一生，其所体现的革命精神、奉献精神、专业精神永远是我们为之敬仰与效仿的榜样。

第二部分收录了七篇关于王音旋先生声乐教学的研究论文。它们基于山东民族声乐的教学传统和先生的教学实践，对先生的教学理念、教学方法、教学特色、教学贡献等进行了深入细致的研究，展现了她丰硕的教学成果，以及对民族声乐教育产生的深远影响。

第三部分收录了六篇关于王音旋先生的演唱作品、艺术风格、艺术成就、艺术贡献的研究论文，其中不仅呈现了先生本人的艺术实践特色，其与金西先生形影相随的艺术生涯、相得益彰的艺术理念，在令我们感叹的同时，又能从中体会到创作与表演的微妙关系。

卷末附录完整影印了王音旋先生自编教程《民族声乐教材》，内含十七首山东风格的创作歌曲与山东民歌，供读者参考、收藏。

爱默生曾说："伟大人物最明显的标志，就是他们拥有坚强的意志，不管环境怎样变化，他们的初衷与希望永远不会有丝毫的改变，他们永远会克服一切障碍，达到他们期望的目的。"王音旋先生的一生平凡而伟大，在不懈追求民族声乐表演与教学的奋斗过程中，她因材施教，循循善诱，化渺小为伟大，化平凡为神奇，她的坚忍不拔、诲人不倦、秉公无私值得我们终身学习。

2023 年端午于山东艺术学院

民歌化恸歌　齐鲁青未了

——追记音乐伉俪王音旋、金西

张　悦　　张　成[*]

2013年10月12日清晨，王音旋去世，享年七十七岁。她是民族声乐歌唱家，是《苦菜花》《红日》《大浪淘沙》等电影插曲的原唱，她演唱的《我的家乡沂蒙山》《清蓝蓝的河》《请到沂蒙看金秋》《红花朵朵献雷锋》等歌曲广为流传，那韵味浓郁的歌声感染了几代人；她更是音乐教育家，培养了彭丽媛、王世慧、罗余瑛、贾堂霞等一批优秀学生。在简朴的告别仪式上，当熟悉的电影《苦菜花》插曲响起时，送别者无不潸然泪下……

王音旋一生非常低调，极少接受媒体采访，也很少谈及自己的身世，在网络发达的今天，想找到她的资料却很难。这与她深受丈夫的影响有很大关系。王音旋的丈夫金西是山东著名作曲家，他不仅长期从事山东民族民间音乐的搜集与整理工作，而且在此基础上创作了一大批脍炙人口的具有浓郁山东地方特色的优秀歌曲，对山东民歌的发展和普及做出了巨大贡献。但记者在采访中得知，就是这样一位著名的作曲家，2000年因病去世后，不搞追悼会和遗体告别。在金西先生去世后的第二天，王音旋就和家人带着骨灰前往威海，将他海葬，一段时间后才通知了单位、朋友和学

* 　张悦，中国艺术报记者。张成，中国艺术报记者。

生们。这件事让他们身边的很多人为之慨叹、动容的同时，也感到深深的遗憾。时隔十三年，王音旋也走了，到另一方乐土与她一生崇敬并奉为良师益友的爱人团聚了。然而比起这对音乐伉俪对于山东音乐乃至中国音乐的巨大贡献，关于他们的研究还是太少太少，这也是不少受访者向记者表达的心声。

一、以情带声，以字带声

金西生前曾是山东省文联副主席，而王音旋则是山东省音协副主席。"金西和王音旋是山东老一辈艺术家中非常突出的优秀代表，是真正的德艺双馨的艺术家，从不追求名利。他们潜心教学、潜心演唱，这给山东艺术界起到了很重要的表率作用，音乐界的人对他们夫妇俩都非常敬仰。山东民歌之所以能够产生全国性的影响，他们起到了非常重要的作用。"山东省音协主席张桂林向记者谈起金西和王音旋时充满了敬佩之情。

王音旋是山东青州人。1948 年，不到十三岁的她就参加了中国人民解放军。1958 年来到山东歌舞团任独唱演员，曾在天津音乐学院、上海音乐学院、上海声乐研究所学习三年。1964 年到山东艺术学院任教，被分配在音乐系声乐教研室，担任声乐课教学。王音旋教学理念的最大特点是"以情带声，以字带声"。她曾谈道：拿到一首歌曲词谱，首先看它的内容，让学生理解这个歌词表现的是什么，然后唱出它的内涵，用情带着声音；再一个是以字带声，作为一个歌唱演员，演唱内容应该清晰地传达给观众，所以你得经常练习，吐字要字正腔圆。总的来说就是以情带声。以字带声，然后再加上适当的表演，就能够将这个歌曲表现得锦上添花。她在民族唱法的技巧方面，注重拖腔、甩腔、舌尖颤音等，在民族声乐教学中注重"咽音"的运用，这使得王音旋演唱的山东民歌更具浓郁的地域色彩。

二、精挑细选，精打细磨

从教几十年，王音旋可谓桃李满天下，但是她直接教过的学生只有十一个。在王音旋的遗体告别仪式上，赶到现场的所有学生都面师而泣。"王老师所教的学生都是由她亲自精心挑选的。她对学生的挑选很严格，每个学生她都是手把手、一对一地教学，因此学生跟老师的感情都很深。其实，以她的能力不止能教这十一个人，但她就是怕学生多了，教不过来耽误人家，所以，一直严格控制学生数量。"王音旋的爱徒、山东艺术学院音乐学院教授、著名歌唱家王世慧这样说，"如果没有遇到王老师，我可能走不出沂河源"。

王世慧出生在沂河源头的一个小山村，从小受山东民歌的熏陶，特别喜爱山东民歌。由于声音甜美，十五岁的她进入沂源县文工团担任歌唱演员。1983年春，作为沂源县文工团演员，王世慧代表临沂地区参加了山东省民歌会演。在这次会演中，王世慧演唱了《沂蒙山小调》和"鲁南五大调"中的《四盼》。演出结束后，王音旋到后台找到王世慧，告诉她山东艺术学院正在招收第一届进修生，问她想不想继续学习。一句话，让王世慧的命运轨迹拐了弯。她说："王音旋老师觉得我的声音色彩比较接近她的声音，我那时候年轻，嗓音条件好，但没有什么演唱方法。从一开始用大本嗓唱，到学会科学发声方法，特别是对山东民歌的演唱和风格的把握，都是王老师一字一句、一点一滴教给我的。王老师在学习上、生活上无微不至地照顾我，指导我怎么做人、从艺。她对山东民间音乐风格的雕琢，细致到每个滑音、小弯。在山东民歌传承过程中，王老师教了我很多，现在说起山东民歌，我算唱得比较地道的一个，这都归功于王老师。"1984年，在王音旋的推荐下，王世慧参加了首届全国青年歌手电视大奖赛，并获得了业余组银奖第一名的好成绩。

三、因材施教，谆谆教导

因材施教，在咬字、归韵上，根据学生各自的条件，采用不同的教学方法，这是王音旋给学生们留下的深刻印象。山东艺术学院音乐学院声乐系主任罗余瑛提起恩师王音旋几度哽咽。从 1980 年起，罗余瑛就跟随王音旋学习。"现在闭上眼睛，王老师的形象历历在目。她教学极为严谨，对学生也十分严厉，每一首作品，吐字行腔，她都亲自示范，不厌其烦，直到唱到满意为止。"罗余瑛的嗓音属于偏低的女高音。1988 年起，根据自身的嗓音特点，她到上海音乐学院改学美声唱法。"王老师在教学中，大量运用全国各地不同风格的民歌和中国戏曲唱段，同时，她还借鉴西洋唱法，使得学生的音域大大扩展，又不失民族唱法的音色。从民歌改美声后，王老师还是很支持我、关心我，她经常对我说，唱美声，也不能丢了民族唱法。后来她因病卧床后，还让人推着轮椅到班里指导学生们。"罗余瑛深情回忆道。

王音旋对学生的指导，不仅停留在她们的学生时代，而且还延续到她们的工作、生活的方方面面。"我觉得演唱艺术就是摸索着学，它凭耳朵去听，感受喉部的气息流动性和气息稳定性，就像厨师做菜一样，慢慢才能调出味道，这都是需要老师精心辅导的。"王世慧毕业留校任教后，王音旋继续教导她，"每次见面，老师都会叮嘱我，民族声乐教学一定要走下去，到田间地头找到当地的民间艺人，听他们是怎么唱的，广阔的农村大地才是民族声乐的根基"。

四、慷慨无私，慈母胸怀

"老师对我们就像对孩子一样。"王世慧、罗余瑛不约而同地谈到王音旋对她们慈母般的关怀。只要有时间就泡在琴房里，王音旋不厌其烦地纠正问题，把应知应会的东西毫无保留地教给她们。王世慧说："那个时候演出戴的头花、耳环都是她老人家为我们准备的。那个时候工资低，我们也不具备条件买这些。王老师就从家里拿来，给我们搭配。"

据山东省音协副主席刘新海回忆，1982年他在利津县文化馆工作时，受那时在山东省艺术馆做音乐工作的金西之约，去济南修改了他写的一篇关于民族民间音乐的理论文章，因整整一个下午也没有修改完，第二天他还要赶回利津，晚上金西便领他去家中继续修改，从此也便认识了王音旋。刘新海说："初识王音旋老师，感觉她温婉贤淑，和蔼可亲，既是一个令人尊敬的师长，又有着邻家大姐那样的亲切气质。之后在一些音乐活动中每每见到王音旋，总是被她的谦恭所感染，而她对这些学生辈分的人更是关爱有加，时刻让人深切地感觉到暖洋洋的。"在刘新海的心中，除了对王音旋的仰慕之外，更多的是她平易近人、朴素热情的大家风范，以及她与丈夫对追求热爱音乐事业的人们的慷慨无私的支持与关爱。

五、追求完美，相濡以沫

细节上的严谨与完美，是王音旋的"门规"，也影响了学生们的一生。她教给学生们的，不光在专业技术上，还在做人品格上。王音旋和她的爱人金西合作过很多作品，金西的大部分女声作品都是王音旋首唱的。张桂林就是金西的学生，在上大学时就给金西伴奏，受夫妻二人影响很大。"做人做事，认真、较劲。金西多次到电视台去录像录音，他的不少作品是我们乐团演奏的，那时不像现在是分轨录音，（那时）都是一次性合成，金西对待作品极为苛刻认真，录了一遍又一遍，连录音师都觉得不能再好了，金西还是觉得不行，需要再录。这样磨出来的作品是非常细腻、非常到位的。所以他的作品现在听来也完全不落后，仍然有着浓郁的山东地域风格。不像现在有的民歌，地域特色已模糊了，'千人一面'，没有嚼头。"

张桂林谈道。

"金老师对音乐要求特别严格，我觉得王老师严谨细致的作风是受金老师影响。"王世慧认为。张桂林和王世慧不约而同地说起这样一个细节：金西老师非常瘦小，平时很文雅，但是排练的时候特别认真，一瞪眼睛大家都害怕。在录音的时候，王音旋老师有一点技术上达不到的问题，金老师都会当着众人不留情面地批评。"但两人的感情却特别好，王音旋老师对金西老师特别崇敬和尊重，我觉得金西老师就是王老师的精神依托，他们几乎同时参军，合作了一辈子，这种情感上、精神上的默契是旁人无法想象的。"王世慧谈道。

六、扎根民间，特色鲜明

2000 年，山东艺术学院音乐学院院长李云涛接受了山东省委宣传部、山东省文化厅组织的"迎接新世纪——齐鲁风大型歌舞晚会《谁不说俺家乡好》"的音乐创作任务。李云涛回忆说，当时在确定山东风格优秀创作歌曲时，由于策划组诸多成员观念不同、视角不同，颇费了一些周折，但最终确立的标准是：经典、有代表性。于是确立了《我的家乡沂蒙山》《微山湖荡起采莲船》《弹起我心爱的土琵琶》《天上北斗亮晶晶》《我唱家乡美景多》《山东，我亲爱的家乡》六首歌曲，由他负责组合、编配并录音。当李云涛拿到这些作品的原稿时，一个现象让他陷入了沉思，那就是这六首作品中竟然有四首出自金西一人之手。"这个现象绝不是偶然的，它充分体现了金西有着深厚的民族民间音乐功底，全面扎实的音乐技能以及广博的文化素养，其作品以独特的风格和鲜明的特色深受广大群众的喜爱。"李云涛表示。

2007 年 7 月，在金西去世七年以后，李云涛收到了王音旋馈赠的《金西创作歌曲集》和《名家演唱金西创作歌曲集》CD 唱片，这为他进一步学习和研究金西的作品，提供了更加丰富和翔实的资料。"金西的艺术实践和成就，在当代山东音乐发展的历史进程中，占有十分独特而又重要的地位。他的音乐作品扎根于山东民间音乐，既有鲜明的民族风格又有较强的时代气息。而其创作的成功，很大程度上得益于他对民族音乐风格的天然感悟力，天才的音乐创造能力，以及一生对音乐创作的不懈追求，用自己多年的音乐积淀化作独具地域特色的音乐语言来进行音乐创作的功力。"但在李云涛看来，就是这样一位成就卓著的作曲家，至今并未受到学界的关注。

七、生活俭朴，为人低调

在王音旋老师的遗体告别仪式上，山东艺术学院的池清泉教授为王音旋作了一副挽联"一声苦菜音空绝，三界甜旋永绕存"，这是对她一生的概括。"王老师的生活特别简朴，平时就吃窝窝头、南瓜，穿着更别说了，现在搁在农村都算差的。我们为老师的遗体送行时，找件像样的新衣服都难，只有一条衬裤是新的。她的衣服，几乎除了灰色，就是黑色，而且都是穿了很多年的衣服。"由于都住在山东艺术学院里，王世慧对老师的生活状况非常了解："老师在吃穿上实在太不讲究，不久前去看望她时，正好是晚饭时间，她和照顾她的保姆两个人就吃一盘炒青菜。""不给组织添麻烦"是王音旋最常说的一句话。作为离休干部，王音旋的医疗费可以全额报销，但是她想的却是怎样给国家、给学校省钱。王世慧回忆说："老师为了省钱坚持不肯住院治疗，但是她的身体已经非常虚弱，上楼都困难。最后，学校为王老师提供了一间平房，她每周往返几次到医院接受治疗。"

王音旋去世后，回忆起老师的一生，学生们都有一个共同的想法："所有哀乐都无法概括老师的一生，《苦菜花》是她一生最好的写照。""我的老师就是一朵'苦菜花'，我现在真不敢听这首歌，歌声一响，我就止不住放声哭。我的恩师从小没有父母，是要饭长大的，年老又被病痛折磨了十年时间，她却给我们留下了宝贵的艺术财富。我们必须沿着这条路往下走，无论是做人、做事还是做学问，不能犹豫，不能含糊。"王世慧说出了学生们的共同心声。

（原载《中国艺术报》2013 年 11 月 20 日）

王音旋文论

《金西创作歌曲集》前言

王音旋

金西，1935 年 9 月出生于江苏省宝应县。1949 年 2 月入伍后，在济南军区前卫文工团管弦乐队担任首席小提琴演奏员多年。其间，曾到上海音乐学院进修作曲、配器，创作了许多优秀歌曲。十年的军旅生涯，为他以后的音乐创作打下了坚实的基础。

1958 年 8 月，金西从部队转业到山东省艺术馆。曾先后任艺术馆音乐科长、副馆长、山东省文联党组成员、驻会副主席。中国音乐家协会理事、山东省音乐家协会常务理事、山东省群众文化协会理事。1987 年被评为第一批研究馆员，1988 年 12 月被选拔为山东省第一批专业技术拔尖人才。

作为一名作曲家，金西坚定地投身到群众生活之中，浸润于山东民间音乐的海洋里，用山东人民喜闻乐听的音乐语言进行创作，力争把蕴含在民间音乐当中那种难以形容的美和特殊的气质灌注到自己的作品当中，去赞美齐鲁大地的青山绿水，去歌唱山东勤劳勇敢的人民。巍巍的沂蒙山，碧波荡漾的微山湖，处处都留下了他跋山涉水的足迹。他主持参加搜集、整理、研究出版了大量的民间音乐作品。他创作的歌曲在全国各音乐刊物上发表的有一百多首。许多作品在电台、电视台播放，录制成唱片、盒带，刻录成光盘。其中《我的家乡沂蒙山》曾作为 1992 年中央文化部组织的全国青年歌手大奖赛的必唱曲目。另有《清蓝蓝的河》《请到沂蒙看金秋》《唱起山歌乐悠悠》《我到沂蒙来拜年》等一批歌曲广为流传。其中有些作品被王昆、才旦卓玛、张树楠、葛军、王音旋等著名歌唱家作为保留曲目。有多首歌曲在省级以上音乐作品评选中获奖，有些歌曲选入全国艺术院校声乐教材。

金西十分注重培养青年歌手和音乐人才。彭丽媛在 1980 年全国民族民间唱法会演中，演唱了他创作的《清蓝蓝的河》《微山湖荡起采莲船》及山东民歌，轰动北京，在全国崭露头角。此外，彭丽媛、王世慧、罗余瑛、周琦、葛军、吴侃、叶薇、丁汝燕、韩光霞、郭春梅、孔微薇等演唱他的作品《唱起山歌乐悠悠》《我到沂蒙来拜年》《我唱家乡美景多》《清蓝蓝的河》《请到沂蒙看金秋》《高山上的百灵鸟》《我的家乡沂蒙山》《微山湖采菱歌》，在全国、华东及山东的声乐比赛中获奖，其中有金奖、银奖、二等奖。

金西与徐贵岩、李钰两位作曲家合作的大型民族管弦乐组曲《泰山颂》，1979 年获山东省歌舞会演一等奖。1981 年由中央民族乐团演奏、日本制作、香港唱片有限公司出版了立体声唱片、盒带，在国外发行。中国唱片社分别出版了立体声唱片、盒带、密纹唱片、光盘在国内外发行。1982 年 12 月，由著名指挥家秦鹏章指挥在香港荃湾大会堂举行隆重公演，中央及许多省、市电台进行播放介绍。该作品在山东省第四次文代会上被评为新中国成立以来的优秀作品，并编入了《中外名曲欣赏》一书。此外，在地方戏曲音乐的改革和创新上，他还先后参与了《驰马镇》《海鹰》《红云岗》等五部大型戏曲剧目的音乐创作，有的还拍成了电影。

作为一名传统音乐学者，他在民间音乐领域里做出了突出贡献。集中体现在他与苗晶等同志合著的《山东民间歌曲论述》以及他主持和参与编辑出版的《山东民间器乐曲选集》《山东民间歌曲选集》《山东民歌选集》《巧女绣花》《茉莉花》等著作中。尤其是他主持编纂的《中国民间歌曲集成·山东卷》，荣获全国艺术学科国家重点研究项目编纂成果一等奖，并受到山东省文化厅嘉奖。这些经典力作对继承和发展山东民间音乐，弘扬民族文化具有积极的现实意义和深远的历史意义。

作为群众文化工作者，他把自己的岗位看得无比崇高，多年来，把时间、精力都无私地奉献给挚爱的事业。他多次组织举办艺术馆、文化馆音乐干部培训班，亲自授课、辅导，指挥排练，为山东省群众文化领域培养出了一大批具有实际工作经验和艺术技能的创作骨干。除此之外，他还以极大的工作热情和高度的事业心、责任感，多次负责参加全国文艺会演的山东代表团队及本省会演的业务指导工作。每年，他几乎都要为一个个大型艺术活动的成功而奔波劳累，加上那紧张忙碌的辅导、授课、研究、创作……可以说，他就像一架拧满了发条的时钟，在不停地超负荷运转。

金西从事音乐工作五十多年，创作了大量具有山东民间风格的歌曲，这些作品具有一种独特的魅力和气质。山东的山水草木、风土人情都是他从事音乐创作的肥沃土壤。在他所有的作品中不难发现，它们几乎都与山东的风土人情相联系，尤其是沂蒙山，更是他反复咏唱的地方，《我的家乡沂蒙山》《沂蒙山里果树多》《我到沂蒙来拜年》《请到沂蒙看金秋》等。这是出自偶然吗？不是。就金西个人来讲，虽不是沂蒙人，但沂蒙却是他第一次投身革命队伍的地方，从那时起，他就同这片光荣的土地结下了不解之缘。沂蒙山作为他的第二故乡，他熟悉这里的一草一木，他热爱这里的一山一石。因此，从他开始创作起，就以讴歌这里的一切美好事物为己任，任时光流逝而不改初衷。后来，他以沂蒙山为自己创作道路上的第一块基石，站在这块高高的基石上，他那多情的目光开始注视着更为广阔的山东大地。他歌颂泰山（《泰山颂》《泰山景》）；他赞美微山湖（《微山湖荡起采莲船》《微山湖采菱歌》），他钟情于"甲天下"之美誉的菏泽牡丹（《牡丹美》），用他那饱蘸挚情的谱笔描绘出一幅幅齐鲁风情的优美画卷，从而映衬出勤劳朴实的山东人民那久已闻名的性格美、精神美。

"凡是我写过的地方，我都去过。"他是这样说的，也是这样做的。1979 年，他与别人合写《泰山颂》时，在泰山脚下一住就是两个多月，第一稿和修改稿均在泰山完成。他们多次进山采访，搜集素材，虚心向群众请教，每天在山上山下转来转去，闻松涛、观日出、听风声、看古迹。当他们走出泰山时完成的这部歌颂泰山的民乐组曲，带着大山的灵性，携着汩汩山泉、阵阵松涛以及泰山深处的鸟语花香，从泰山脚下飞向泉城，飞向北京，飞向海内外。

山东人民勤劳、淳朴、耿直的秉性是他从事创作的力量源泉。他多次到农村蹲点，和群众同吃、同住、同劳动，他感受到了山东人民特有的勤劳、淳朴、耿直的秉性。同时，他在采集、研究山东民歌的过程中，不仅仅了解这些民歌的本身，更注重了解演唱这些民歌的人。所到之处，他都热情地与各种年龄、各种性格的民歌手交朋友，亲身感受他们的生活，体验他们的喜怒哀乐，使他从深层次了解了山东人民，也从深层次的文化背景、文化内涵等方面了解了山东民歌。在他的作品中，充分体现了劳动人民的思想感情和精神气质。其结果，他的作品就必然深受广大人民群众的喜爱，并能经得住历史的考验，历久而不衰。

深厚的民族民间音乐功底，全面扎实的音乐技能以及广博的文化素养，是他从事音乐创作的坚实基础。由于他长期从事民间音乐的搜集研究工作，掌握了丰富的山东民间音乐的语汇，加上他受过严格的音乐训练和系统的学习，就使他具备了扎实的音乐素养和创作技能。他对山东民间音乐出神入化地把握，以及语言、感情上的渗透，都说明了这一点。如《我的家乡沂蒙山》，这首歌是他的代表作，问世近三十年来，已成为许多著名歌唱家的保留曲目。在这首作品中，我们很难找到它与山东民间音乐的直接联系，但它又无处不散发着浓郁地道的山东民间音乐特色及使人心醉的地方风味。一方面，它同山东民间音乐的传统精神保持着种种联系；另一方面，它又被灌注了一种前者不可能有的崭新的个性和气质。在音乐创作中，仅仅做到前者似乎还不太难，而要兼备前后这两个方面，则不易做到。

金西之所以能写出如此美妙动人的音乐，还有一个不容忽视的重要原因，那就是他很注重提高自己全面的思想文化修养。他兴趣广泛，具有相当广博的知识。他读了很多古今中外文学名著和文史著作，尤其爱读名人传记和回忆录，并善于从中汲取力量，以鞭策、激励自己。他担任领导职务，工作繁忙，但仍挤出时间坚持每天晚上读书学习两三个小时。他一贯严于律己，以身作则，以清廉的作风和宽厚待人的品德显示出高尚的人格魅力，在全省文艺界享有很高的威望。在 1988 年召开的山东省第五次文学艺术界联合代表大会上，他全票当选为文联驻会副主席。文联工作复杂繁忙，底下分管十多个协会。他在文联付出了大量的心血，做了大量的工作，表现出了领导者的魅力和组织才干，工作成绩卓著。即使十分劳累，也从不表现出来，从未说过一句嗟老叹病的话，看到的却是他那一身硬骨，挥洒着热情的匆匆忙忙的身影。文联的同志称赞他道："实不愧清官、良才、楷模也！"

他是一名作曲家，但他首先是一个人，一个坦坦荡荡、襟怀坦白、朴实诚恳的人，像所有正直善良的艺术家一样，不论碰到任何艰难和坎坷，他都表现出一种不与之妥协的精神。"文如其人，曲如其人"，金西和他创作的音乐作品不正是如此吗？

衷心希望他的歌能给人民带来启迪，带来欢乐。

本歌曲集的出版发行得到了著名歌唱家彭丽媛和山东省音乐家协会的大力支持，在此表示衷心的感谢，并一道向对本书修订提出建议和编配钢琴伴奏的专家们致以诚挚的谢意。

2007 年 6 月于济南

（原载《金西创作歌曲集》，黄河出版社 2007 年版）

民族声乐教学有关问题的探讨

王音旋

我国民族民间唱法有悠久的历史和丰富的经验。在京剧、戏曲、说唱音乐等方面都出现过许多著名的艺术家，同时，近三十年来也涌现出了不少民歌演唱家和民间歌手。他们在演唱上的成就充分说明，我们民族民间唱法是科学的，是实有民族特色，受广大人民群众所喜爱的。但多年来一直未总结出民族声乐方面系统的理论和形成我们中国的民族声乐学派。新中国成立以后，虽然一部分声乐工作者进行了可贵的探索，取得了一定的经验，但是由于种种原因和轻视民族声乐的思想较普遍地存在，因此收效不大，至今没有总结出系统的声乐理论来。

目前祖国正向四个现代化进军，民族声乐必须跟上时代的步伐，培养造就出较多的、群众热爱的、我们民族的歌手，使声乐艺术更好地为人民服务、为社会主义建设服务。我们声乐工作者必须在这方面进行更大的努力、更多的探索，共同完成这一光荣而艰巨的任务。下面我想就民族声乐教学过程中所体会到的几个问题，谈谈自己的看法。

一、关于发声和呼吸

（一）发声

在教民族唱法的学生时，在发声方面我所遇到的问题，大体有两种：

第一种，初学民族唱法的学生入校时，在发声方面，只靠本质嗓子唱，音域较窄，中低声区的声音有喊、扁、横的现象。高声区，唱高音时比较吃力，有的甚至唱不上去。再一种情况，高音单薄，细成一条线和中低声区音色统一不起来，形成两截子声音。

根据以上情况，我在教学中所采用的训练方法，首先找好各声区的共鸣位置，使学生掌握正确的发声方法。民族唱法的女高音一般可分为四个声区：

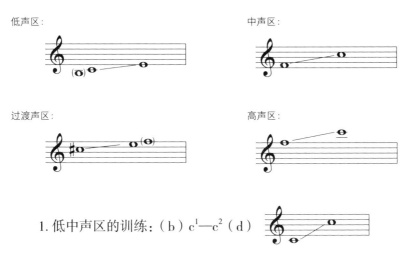

低声区：　　　　　　　　　　　　　　中声区：

过渡声区：　　　　　　　　　　　　　高声区：

1. 低中声区的训练：（b）c^1—c^2（d）

在民族民间唱法中用得最多的是自然声区中的一段音，这段音真声成分很强，结实明亮，易于掌握。因此，在教学中首先训练学生反复练唱这段声音，使他们脑子里对自己自然声区的音有比较固定的概念，能够把自己最美好的音质音色保留下来，当然，自然音域也有它不足的地方，如音量容易过大、音色不太柔和等，均需加以解决。

低中声区的训练可分如下步骤进行：

第一步，c¹—e¹  的训练。这一段音在演唱时，让学生多用胸腔共鸣，使声音结实浑厚。练习时保持声音自然稳定，气息冲击喉头和声带，形成对抗，发出声音。演唱时在感觉上是气流向上，声音向下，形成胸腔共鸣。民族民间胸腔共鸣的唱法，要求声音实，不要虚，位置靠前，不要向后，音波不能颤动太大，喉头不要开得过分，只有这样才能产生明亮的胸腔共鸣。在具体练习中要掌握三点：

（1）多用下行音阶和开口母音练习，这种练习能使喉头自然打开，放松稳定。如：

练习时保持起音的高位置。

（2）多用带字的练习曲。如山东民歌《献花歌》：

这样的练习，能用字把声音带出来，声音效果达到结实，明亮靠前，适于民歌演唱的需要。

（3）用戏曲短句练习。如河南梆子《花木兰》：

用戏曲练习胸声很有效果，尤其是最后一小节"嗖音"的唱法，更容易体会到胸腔共鸣的感觉。

第二步，f^1—c^2  的练习。这一段音的练习，要求充分发挥口咽腔共鸣作用，是训练中声区最好的共鸣位置。唱时咽壁要立稳，下巴放松，口腔自然打开，笑肌上提，气流冲击总在硬腭和口腔的前半部分。口腔共鸣必须结合胸腔共鸣和鼻腔共鸣，感觉声音从高位置发出，这样才能避免声音出现横、喊、白的现象。

口腔共鸣练习需掌握如下几点：

（1）闭口音带动开口音的练习。这种练习声带闭合较好，容易找到明亮的声音。如：

练习时保持吸气的状态唱，声音在一条线上发出，连如贯珠。

（2）多做哼鸣的练习。如：

这种练习容易找到高位置。

（3）带字的练声曲。如：

这种练习能使声音轻、柔、亮，容易混进假声。

（4）戏曲短句练习。如吕剧《沂河两岸》中的一句：

革　命　情　谊　　深似　　海

这种抒情婉转的戏曲短句，主要解决中声区发音太重太敞的问题，便于扩展音域。练习时注意轻、收、柔、美，上下统一。

在声乐上，低中声区的训练是十分重要的，特别是在民族唱法中，尤其如此，在教学上必须多下功夫。

2.过渡声区的训练：$^{\sharp}c^2$—e^2（f^2）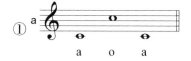

这组声音是向高声区（头腔共鸣）过渡的桥梁，气息冲击点是在软硬腭外，并向上进入鼻腔，产生过渡声区的共鸣。这一段音较难掌握，没有正确的共鸣位置，容易出现喊的现象和声区不统一的问题。尤其e^2—f^2这两个音是换声点，音色虚暗，是通向头声区的难关。

过渡声区的练习需掌握如下几点：

（1）变换母音练习，"a"掺进"o"的音色，"i"掺进"e"的音色。练习时脑子想着"a"，口形变成"o"，但注意口形不宜变化过分，主要以咽部软腭进行调节。如：

① a
a　o　a

② b
ma　oa　a

以上练习能使声音变圆集中，挂上头腔，声区统一。

（2）带字的练习。如：

浏 阳 河

这条练习词是"江阳"辙，韵脚归"鼻"，因此，唱时打开鼻腔，笑肌上提，使之得到明亮的鼻腔（头腔）共鸣。

（3）用戏曲短句练习。如河北梆子《朝阳沟》中的一句：

看 见 了 新

被 子 实 在 难 过

再如河南梆子《红珊瑚》中的一句：

乘 风 破 浪

练习时母音变换要随字而行，容易得到鼻腔（头腔）的共鸣位置。要学习戏曲唱腔中，以字带声，真假声结合的高亢的头声唱法和"丹田气"的运用。

3.高声区的训练：$f^2—c^3$

唱高声区的音，从喉到胸，形成一个气柱，横膈膜、腹肌起到支点的作用，同时小舌软腭上提，喉头舌根向下，声带闭紧，下巴放松，颧骨上提，气流主要冲击咽管、软腭，进入鼻咽腔，向头腔穿透，形成头腔共鸣。练习时注意以下几点：

（1）母音的变换唱法。在唱"a"时掺进"o"，唱"i"时掺进"e"，唱"e"时掺进"ei"的音色。如：

练习时要准确地找到声音亮点，从后向前上方反射，使声音圆美。

（2）发高音时，要开放性地关闭（即声音靠前明亮地关闭）。如：

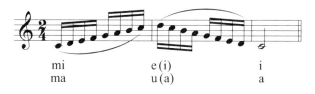

练习时口形不要太竖，呈方形，以免声音靠后、发闷，没有民族特色。

（3）戏曲短句练习。如河北梆子《三娘教子》中的一句：

再如根据河北梆子谱曲的诗词《七律·长征》：

运用戏曲高腔的唱法，练习时要注意气、声、字三者紧密结合，字头犹如戏曲中的"喷口"唱法，在假声位置上产生真声效果，具有金属的音色；适应演唱民歌声音的要求。

以上四个声区，在演唱时声音必须达到上下统一，如戏曲中所提的"天地贯通"，形成真假声结合的混合共鸣。目前来说，这是民族民间唱法最好的一种路子。

（二）呼吸

呼吸是歌唱艺术中重要的技巧之一，只有掌握了正确的呼吸方法，才能获得良好的演唱效果。

民族唱法的呼吸原理和西洋唱法基本相同，只是在讲法上有所不同。关于大家所共知的呼吸原理在这里不再赘述，下面只谈谈我在教学中的几点体会：

1. 民族民间唱法最好采用胸腹式呼吸方法。这是一种运用胸腔、两肋、膈肌共同控制气息的呼吸方法。这种方法气吸得多、吸得深，控制声音和气息的能力强，最适于歌唱。

2. 对于民族唱法，结合练声曲和歌曲练习呼吸最好：

（1）由于结合曲调进行练习呼吸，为实际演唱打下了良好的基础，可以避免演唱时用气紧张、僵硬。

（2）可以增强学生练习时的兴趣，避免枯燥单调，能提高学习效率，加快课程进度。

（3）便于检查学生在练习中的问题和进度情况。当然，结合练声曲和歌曲练习并不排斥单独练习呼吸的方法，教师可根据学生的情况灵活掌握。

3. 加强膈肌、腹肌功能的练习。主要练习它们的灵活性、韧性、弹跳力和对气息的控制力，使发声有呼吸支点。这对民族唱法、扩展音域、解决高音问题起着十分重要的作用。

二、关于民族语言和地方风格

（一）语言

对于演唱中民族风格和地方特点的形成，语言是很重要的。在我国民族传统唱法中对于语言已经总结了一套完整的经验。如大家所熟知的"五音""四呼""十三辙"。所谓五音是指唇、舌、齿、牙、喉五个部位出字收声时气流受阻的着力点。传统唱法称之为五音。

1. 五音

唇音：（b、p、m、f）。

双唇音：坡，巴。

唇齿音：飞，佛等字着力点在唇。

舌音：（a、t、n、l）打、得、他、持等字，着力点在舌。

齿音：（z、c、s）知、吃、姿、词等字，着力点在齿。

牙音：（j、q、x）家、济、希、期等字，着力点在牙。

喉音：（g、k、h）花、喝、活、刻等字，着力点在喉。

2. 四呼

四呼是指韵母（字腹）吐字时气流着力部位和正确的口形。传统唱法称之为四呼，即母音是"i""a""ü""u"。口形是齐、开、撮、合。

齐（i）：希、衣等字，着力点在齿。

开（a）：发、花等字，着力点在喉。

撮（ü）：鱼、区等字，着力点在唇。

合（u）：务、呼等字，着力点在满口。

3. 十三辙

十三辙即相同或相近的韵母分类，是研究歌唱咬字、吐字和归韵的方法。

十三辙即发花、姑苏、梭波、乜斜、依七（以上辙口不收声）；人辰、言前（收半鼻音）；江阳、中东（收全鼻音）；怀来、灰堆、腰条、油球（尾音归韵分别收 i、o、u）。

4. 关于收声

民族的传统唱法中，每个字都有字头、字腹、字尾，字尾的收声有两种：

甲：母音（i、o、u）的收声如：

哀、怀、威、归等字尾音韵收"i"。

熬、好等字尾音归韵收"o"。

优、走等字尾音归韵收"u"。

乙：字音（n、ng）的收声分别收到前后鼻音中去，即半鼻音、全鼻音。如：

温、春、年、弯等字尾音收"n"，将舌尖抵住上齿背，收前鼻音（半鼻音）。

阳、拢、英、巩等字尾音收"ng"，分别发完母音后，将舌根接触软硬腭收后鼻音（全鼻音）。以上是收声字，另外还有五个单母音是不收声的，如：a、e、i、o、u。

总之，字头、字腹、字尾要紧密结合。训练时注意字头咬得短促有劲。字腹保持母音延长不变形。字尾收得准确分明。这样才能使出字收声清楚完整。

语言是形成声乐上民族风格和地方特点的重要因素，因此，还需要学生掌握本民族本地区的语言，才能使他们的歌唱生动亲切，富有浓厚的民族色彩和生活气息。

我国是一个幅员广大、多民族的国家，各省各地的语言都有不同程度的差异。如山东话和普通话虽然都是北方话，有许多相同之处，但在"四声"上仍有一定的区别。如山东的"山"字，普通话是一声（阴平），而山东话是三声（上声），如果按普通话"四声"去唱就倒了字，成了"闪"电的"闪"字。"谁不夸俺公社好"中的"夸"字按方言的音调应向下拖腔，由装饰音"6"上行到"1"音上，听起来就亲切、婉转、顺耳，也不倒字。又如山东民歌《包楞调》中的"红"字，普通话是二声，而山东话是一声。再如，大家所知的歌剧《洪湖赤卫队》中王玉珍就是用方言进行演唱的，使人感到格外亲近，有浓厚的地方特色；还有黄虹用方言演唱的云南民歌同样收到非常好的效果。

（二）山东民歌演唱上的一些特点

语言是形成民族风格的因素之一，训练学生时还必须让他们掌握地方民歌演唱上的一些特殊技巧，山东民歌在演唱上就有许多特殊的唱法。如舌尖颤音、假声、波音、直音、滑音、颤音、顿音等。下面简略地谈谈这些唱法。

1. 舌尖颤音

这种唱法就是一般所说的"打嘟噜"，它的效果犹如"珠子落盘"之声，多用在衬词上。

如改编民歌《谁不夸俺公社好》中的一句衬词：

哎　嗨嗨　　哎 得儿哝嗨 哟　　嚓嚓嚓嚓　哎 得儿哝嗨 哟
　　　　　　　　（舌颤）　　　　　　　　　　　　　（舌颤）

又如山东民歌《对花》中的一句衬词：

得儿 撒　　得儿 撒　吃　不啦 得儿撒 呀
（舌颤）　　（舌颤）　　　　　　（舌颤）

练"舌颤"时要口腔放松，舌尖轻抵上齿背，用气冲击，震颤舌尖，产生均匀长串的"嘟噜"声。练习时可由低到高，由短到长。"舌颤"音如果掌握自如会给人以轻巧别致、欢快振奋的感觉，对表达歌曲的内容和增强地方色彩均起到重要的作用。

2. 假声

假声是指较高的头腔共鸣，声带局部振动所产生的一种声音。它的特点是细、亮、弱，它和真声的宽、厚、强，形成明显的对比。

如山东民歌《歌唱大生产》：

大家那个快乐 过 了 那个 年　开春那个 不 久　得儿哎嗨 哟
　　　　　　　　　　　　　　　　　　　　　　　　（假声）

又如山东民歌《鸳鸯嫁老雕》：

鸳鸯那泪纷　纷　哎　哎哎　哎哎　哎　鸳鸯就泪纷纷嗦呼咳

（假声）

练习时需准确地掌握假声的共鸣点，真声部分声带较松弛，接假声时声带突然闭紧，让其局部振动，便可产生假声。

假声的色彩性很强，给人以新颖、独特的感觉，在风趣幽默的山东民歌中运用得最多。

3. 波音

波音一般是在长音上形成的，是一种有规律的较大幅度上下波动的唱法。

如山东民歌《唱秧歌》：

桃　花　哟…………

（波音）

练习时注意波动要流畅自如，并且要有弹跳力。这种唱法大都运用在辽阔、高亢、抒情优美的山东民歌中。

4. 直音

直音没有明显的音波，真声成分较强，一般时值也较长。

如山东民歌《馋大嫂》：

千　载　万　古　　稀　　　千载万　古　稀　随呼嗨

（直音）　　　　　　　　　　　　　　　　　（直音）

唱直音最重要的是要有充足的气息，加强呼吸支点的控制力，使声音很好地保持住，要求结实明亮。这种唱法多在高昂粗犷的山东民歌中出现。

5. 滑音

一个音进行到某一个音，没有明显的音阶过渡，而是逐步滑到某一音高上，叫作滑音。滑音又可分上滑、下滑等。

如山东民歌《赶牛山》：

年　年(是)都　有　(这)三　月　三(巴拉哟)

姐　妹　二　人(吧)赶哎　牛　山　(来)哎　哟

唱滑音时气息的冲击力量要加大，把声音很快地推滑到需要的位置上去，唱完后声带立即放松。滑音在加重语气和民族特色等方面很有效果。

6. 颤音

有规律地将演唱的音急速地颤动一下，叫作颤音。

如山东民歌《棉乡四季歌》：

春季哎　里来　哼哎哟

(颤音)

演唱时要求声带有灵活性，唱颤音的音头要有弹性，声带要放松自如。

颤音在山东民歌中，大多表现柔和甜美的感情。因此，要轻巧不要过重。

7. 顿音

所谓顿音就是把音符顿起来唱。

如山东民歌《卖饺子》：

初　　　一　来　十　　　　一　　　哝　哟　咳　呀

（顿音）

在练习时，喉头放松，声音要有弹性，音符唱得要短促。顿音唱法在山东民歌中很多，它所表现的情绪多半是跳跃、欢快的。

在山东民歌中还有特殊唱法，但运用得不太普遍，就不在这里谈了。

各种特殊唱法，都要贯穿到整个教学过程中使学生逐步掌握并加以运用。

此外，还必须让学生了解学习地方民间音乐的风格特点，如山东民歌的特点概括起来有三种类型：（1）强悍粗犷的；（2）风趣幽默的；（3）淳朴抒情的。学习民族声乐的学生必须多唱一些山东民歌，以便更好地熟悉山东民歌的风格，这对他们的演唱是极为重要的。

当然，掌握本地区的风格特点，也不排斥学习和演唱其他地区的民歌，外国民歌和具有民族风格的创作歌曲，以丰富自己的曲目，扩大艺术上的视野，提高自己的演唱水平。

三、关于歌唱的感情和舞台实践

（一）歌唱的感情

我们对学生进行声乐技巧的训练不是目的而是手段，是为了让学生更好地表现声乐作品的内容和感情，塑造完美的音乐形象。因此，必须十分重视学生演唱时的感情训练。

1. 要求学生演唱时必须要有激情和乐感，即便是唱没有词的练声曲也要唱得抑、扬、顿、挫，优美动听。

2. 要很好地分析理解作品的词意，准确地表达其思想内容，要有深度，感人肺腑。为了达到此目的，要让学生多读一些文学作品，多接触一些其他艺术形式，增加知识，开阔视野。

3. 对作品的音乐部分也要深入分析研究。对它的旋律、节奏、形式等都要很好地分析，让他们掌握好曲子的风格特点，增强作品的感染力。

4. 教学中，对学生演唱时的表演也要加以辅导，根据作品的内容，适当加上表情和动作，这有助于演唱者感情的表达，处理恰当，将起到锦上添花的作用。因此，要求学生必须学好表演、台词、形体、排练等课程。

（二）舞台实践

对声乐学生来说，舞台实践是极为重要、必不可少的一门课程，而且要贯穿在学生整个的学习过程中。

根据学生的不同情况，组织一定形式的演唱活动，如刚进校的学生，定期组织汇报演唱会。有一定声乐基础的学生可组织他们到工厂、学校、部队、农村进行演出，以及举行公开音乐会和参加各种音乐活动（广播、电视、会演等）。这样做好处很多，首先，使学生逐步熟悉舞台活动，积累实践经验，为他们将来走上艺术工作岗位打下良好的基础。同时，学生通过舞台实践，能够从观众的反响中了解到自己演唱中的真实情况，发扬自己演唱中的长处，克服其演唱中的不足，这对提高学生的艺术表现力有很大的促进作用。另外，让学生直接和观众见面，可以得到更多人的有益帮助和批判，也是检验学生学习成绩的最好方法，这对改进我们的教学是十分有益的。在演出前后，让学生注意如下一些问题：

1. 演出前应注意休息，做到精力充沛，嗓音新鲜。

2. 演出前一小时，可做简短的发声练习并进行轻微的全身活动，以利于歌唱器官的放松自如；上台前半小时要静下来，默默地将演唱的作品在脑子里过一遍，使思想集中到歌曲中去。

3. 舞台作风要朴素大方、严肃认真，对待观众要热情、亲切，思想感情要和观众融合在一起。

4. 演唱时要排除一切杂念，必须充满信心。

5. 对待艺术要精益求精，每次演出后都需要总结经验教训，不断提高自己的艺术水平。

1980 年 9 月

（据王音旋先生手稿录入，后经修改于 1985 年发表于《齐鲁艺苑》）

我和彭丽媛

王音旋

　　小彭 1977 年考入山东艺术学院，由我担任她的声乐主课老师，在她跟我学习的三年中，我们朝夕相处，亲密无间，建立了深厚的师生之情。由于我们的共同努力，小彭的专业水平显著提高，各方面茁壮成长，她像一颗闪光的星在歌坛上升起。1979 年我与她去淄博参加全省民歌会演，彭丽媛脱颖而出，她的演唱受到了群众的热烈欢迎，尤其是她演唱的淄博民歌《赶牛山》，令人耳目一新，观众掌声雷动，小彭数次谢幕而不能下场，有的观众说："彭丽媛才真正地唱出了我们淄博的《赶牛山》。"同年，她在全省歌舞会演中又获得了优秀奖。1980 年，我与她去北京参加全国民族民间唱法会演，她演唱了《清蓝蓝的河》《微山湖荡起采莲船》及山东民歌《包楞调》《小二姐做媳妇》等，轰动北京，报刊、电台、电视台向全国介绍，唱片社灌制唱片。在会演的座谈会上，很多专家兴致勃勃地称赞她的演唱"充满激情，充满青春的活力，充满我们中华民族的自豪感"，"大家欣喜地看到民族唱法，前途光明，后继有人"（《北京音乐报》）。同年，她参加济南军区前卫歌舞团去北欧六国访问演出，她那充满中国民族特色的歌声，受到了异邦人民的赞赏。回国后小彭又应邀参加广州"羊城音乐花会"，取得了成功。《南方日报》评论说，"她的歌声清脆甜美，吐字清晰，运腔自如；加上山东民歌特有的唱法，再加上恰到好处的身段、手势、眼神的运用，真是清溜巧俏，珠落玉盘"，称小彭为"山谷幽兰"。7月我和小彭一起出席了山东省第四次文代会，她是大会中年龄最小的代表（十七岁）。彭丽媛在我们学院毕业之前已是颇有社会影响的歌坛新秀。

回想起小彭在三年学习中所取得的成果，确实来之不易，我们经历了许多的艰辛，付出了大量的心血……当我给她上第一堂声乐课时，感觉彭丽媛的声音、形象、乐感等诸方面具备一个歌唱演员的素质，是一个好苗子，但她毕竟是一个十四五岁的小姑娘，过去从未见过钢琴，也不识谱，犹如一块未经加工的璞玉，要精雕细刻；像一张洁白的纸，要描上美丽的图画，才能把她培养成为一个优秀的歌唱人才。根据小彭的具体条件，我制订了严格的训练计划，在教学上做了通盘安排。首先教育她要热爱我们的民族唱法，坚定不移地走声乐民族化的道路，并为此奋斗一生，做出自己的贡献，这是取得成功的思想基础。对她声音的训练采用真假声结合混合共鸣的方法，立足民族，借鉴西洋。先训练好中声区，再向两端扩展音域，达到两个八度，并使她的声音自然流畅，结实明亮，音色清脆甜美，不失其民族风格。声乐技巧的训练使她具备了一个独唱演员的水平，能演唱多种体裁且难度大的作品。在民族风格的训练上分两个方面，一是教材的选择以优秀的山东民歌和具有山东风格的创作歌曲为主，兼顾其他声乐作品，使她能逐步熟悉和掌握山东及其他地区作品的民族风格，并积累一套有特色的保留曲目。二是对她进行一些山东民歌中特殊唱法的训练，如甩腔、拖腔、舌尖颤音、波音、滑音、顿音等，她掌握了这些方法，在演唱时方能独具特色。语言的训练，要求她吐字准确、清晰，正确地掌握字头、字腹、字尾的咬字方法，做到字正腔圆，词意清楚，亲切感人。此外，对她演唱的感情和表演也进行了严格的训练，要求她歌唱时感情淳朴、健康、情景交融，完美地表达出作品的内容，唱出人民的心声；表演要自然大方，动作和表情一定要有助于情感的表达和音乐形象的塑造，起到锦上添花的作用。同时，让小彭多方面地学习其他知识，特别是加强文学素养，使自己的演唱能更深刻地表现作品的内涵。总之，三年中对彭丽媛全面的训练和培养，使她成长为一个优秀的歌唱人才，并为以后事业上进一步的发展打下了坚实的基础。

彭丽媛是一个意志坚强、奋发向上、有事业心的学生，当时我给她提出了三点要求：学习要刻苦，处处要严格，身体要健康，这几方面小彭做得都很好。三年中她一心放在学习上，没有任何杂念，她的生活环境就是从课堂到琴房，从琴房到操场，不是练琴就是练唱和学习其他课程，连星期天也从不休息，在专业学习上有一种不怕吃苦、不怕艰难的拼搏精神。如为了使声音向高音区扩展，要进行打开喉咙的练习，她一天到晚一张一合地开启着嘴巴，不住地练。几天后臼齿关节发了炎，一吃东西就感到十分疼痛，但她毫不在意，仍然坚持练习，不达目标决不停歇，这是多么顽强的精神！又如演唱山东民歌《小二姐做媳妇》，需要配合上一段胶州秧歌的舞蹈动作，小彭不分昼夜刻苦学习，把脚脖子都练肿了也不休息，终于准确地掌握了这一段轻盈优美的舞蹈，演出时非常精彩，受到了观众的一致赞扬。小彭在课堂上思想集中，精力充沛，认真领会老师的指导，而且课下的作业能出色地完成。山东民歌有不少带有舌尖颤音（打嘟噜）的唱法，小彭原先不会，我让她在十天左右一定要练会这种唱法。彭丽媛就像着了"迷"，一天到晚嘴里不停地打着嘟噜，上百次上千次地练，甚至走在路上也练，别人都不理解地问她："你一天到晚'嘟噜'个啥？"而小彭毫不理会这些，很快练出了一口流利的舌尖颤音，在表演带有这种唱法的歌曲时，山东地方特色尤为浓郁，亲切感人，在全国全省的会演中受到群众的热烈欢迎。我曾告诉她唱歌必须要有健康的体魄，一定要坚持锻炼。她牢牢记住老师的话，三年中不论刮风下雨，寒冬酷暑，每天很早起床，迎着晨星，披着月光在操场上跑步，练出了良好的身体素质，保证了她学习和事业的成功……

彭丽媛不但学习好（各门功课都是优秀），身体好，而且其他方面都能严于律己，她遵守纪律，团结同学，为人正派，艰苦朴素，多次被评为三好学生和优秀团员。她是个品质优良，有理想有抱负的好青年。

小彭离开山东已将近十年，但一直和我保持着密切的联系。有什么重要事情都来信征求我的意见，我也始终关心着她的成长，及时地告诉她我的看法，给她以帮助和指导。小彭念念不忘老师，在给我的信中这样写道："王老师，您好！我去日本演出四月底返回，这次演出较成功。走了几个城市，我们的民族声乐总算在亚洲日本的土地上受到欢迎和承认，有几处听了我的演唱之后，都要邀我去开个人演唱会，这证明了我们一步一个脚印所走过的道路开始迈入了世界的大门，每当我在人们的赞扬声中，在我接到一束束鲜花的时刻，在我走上领奖台领奖的时候，我首先想到了您对我的培养，想到我从一个不懂事的孩子，在你们的培养中一步步走到现在，真是心潮起伏，有时我会想很多很多……"在另一封信中她写道："王老师：你们好！许久没给二老写信，不知近况可好？身体怎样？我经常想起你们，回忆以往在你们身边的情景，是非常难忘的！现在我所走的道路是你们指引的，而离你们的期望和要求还有不足和差距。我一直力图要弥补这种不足和差距，但我深深认识到，再前进一步，比以往更难，需要花费大量的心血和精力！"

从小彭的信中不仅看到她怀念老师的深情，同时也看出她对民族声乐的热爱和继续攀登艺术高峰的信心。我祝愿彭丽媛在演唱上取得新的成就，为民族声乐事业做出更大的贡献！

（原载山东省文联编《山东文坛纪事：四十年历程中的回忆》，

山东文艺出版社 1989 年版）

在民族声乐教学中运用
"咽音"解决学生的难点

王音旋

　　声乐界对"咽音"的看法并不一致，故而在艺术院校声乐教学中运用"咽音"练声法的不是很多，这可能与一些同志对"咽音"不够熟悉有关。目前，人们所说的"咽音"不单纯是指从人的咽部自然发出的声音，而是指通过特定的训练发出来的"咽音"。远在三百多年前，意大利歌唱家们对"咽音"已加以重视和运用，20世纪40年代我国著名医学博士、男中音歌唱家林俊卿大夫跟意大利音乐家学习"咽音"，并根据医学、生理学等原理，结合我们民族的语言及演唱方法，经过长期的研究探索，加以发展，总结出了一套完整的训练方法和理论，形成了自己的体系。

　　"咽音"练声法有两种功能，一是治疗嗓音疾病，演员、教师、讲解员、售货员、营业员等用声多的人，如患声带小结、充血、水肿、声带麻痹、闭合不全、声音嘶哑等症，通过"咽音"练声均有很好的疗效。二是能提高歌唱能力。由于"咽音"有清脆明亮、金属般的音色和很强的爆发力、穿透力、持久力，如在声音中融入"咽音"，将会使你的歌声放出光彩。但"原型"的"咽音"尖锐特殊，需要恰当地糅合到歌唱中去，才会使声音悦耳动听，甜美感人。

20世纪50年代我曾在上海声乐研究所学习过"咽音",长期以来在演唱和教学中不断地进行一些实践和探索,我所教的学生大部分都经过不同程度的"咽音"训练,如彭丽媛、王世慧、罗余瑛、庄惠英、战梅、韩光霞等,在解决学生的难点时,运用"咽音"训练取得了很好的效果。下面谈谈解决的主要难点。

一、高音问题

初学民族唱法的学生,普遍存在的难点之一是音域比较狭窄,唱高音吃力,一般的高音唱到 e^2 或 f^2,就出现喊的现象,如再往上唱,有的人声音尖细、单薄,有的人僵直、破、咧,甚至唱不出声来;有的学生声音空洞松散,缺少亮度,上下声区音色极不统一。造成这些问题的主要原因是发音位置低,打不开喉咙,没有运用好共鸣腔;未能掌握正确的呼吸方法,气息浮浅,起不到支撑作用。要解决好民族唱法的高音问题比较困难,声音既要达到一定的高度,又要结实明亮,还得有真声的效果,富有浓郁的民族风格。根据我教学的体会,对某些学生用"咽音"的大开口方法扩展音域,训练高音,进度快、效果好。训练的步骤:第一步是无声的大开口练习,下巴放松,用右手的拇指和食指分开放在下巴上加以固定,然后,头有规律地往后上方抬动,把口张大,软腭上提,臼齿及颞颌关节上下开合,反复练习,直到使打开喉咙的方法运用自如为止。第二步是有声的大开口练习,首先是短声练习,发声时没有准确的高音,是一种呼唤式的唱法"啊噢啊",中间的"噢"要比两头的"啊"唱得高一些,从低至高、由高到低反复练习,直到掌握后,再进行长音的练习。长音练习有固定的音高,发声时仍唱"啊噢啊",中间的"噢"比两头的"啊"要高一个八度,从 c^1 开始半音向上进行,直到 c^3 以上,"啊噢啊"的时值一般在二拍以上,也可灵活掌握。在练习长音时,用胸腹式呼吸的方法,将气吸好后，把所要唱的高度及声音的冲击焦点预先想好，然后腹部慢慢收缩，腹肌推动横膈膜，使气息产生冲击力，"激起"高音。此外，用同样的方法演唱"啊哎啊"可进一步使声音更加明亮。通过以上练习，使学生的咽肌、咽壁坚实稳定，气息的支撑力得到加强，喉咽、口咽、鼻咽管与头部共鸣体相结合，产生丰富的泛音。因此，唱高音时轻松自如，一般都能唱到 c^3，声音结实优美。

另外，还有一种训练方法，即根据学生的具体情况，可以不经过无声练习，直接采用有声的大开口训练，同样能解决唱高音的难点。

二、音色问题

民族唱法所发出来的声音的音色应当是结实明亮的，这样，才能和我们的民族语言、感情、欣赏习惯等方面相吻合。但有的学习民族唱法的学生声音的音色发暗发虚，这就影响了他们演唱上的民族风格；另外一种情况是"大本嗓"，音色虽然明亮，但比较原始粗糙，必须进行真假声结合混声唱法的训练。但有的人很难掌握混声唱法，在假声训练后却失去了原有明亮的音色，变得又空又暗。对以上问题，我采用了"咽音"中小开口的方法来加以解决。小开口的练习方法：首先是下巴放松，两唇张开，上下距离 3 厘米左右，上下牙齿分开，距离 1 厘米半左右，舌头自然放松，舌尖抵住下牙齿。发音练习有三种：短音、断音、长音，用"啊哎"来发，短音每个字约一拍"啊哎"，断音"啊"一拍，"哎"可按十六分音符的时值演唱：啊哎哎哎哎……长音的时值可由自己掌握。通过小开口的练习，学生能较快地体会到正确的呼吸方法，歌唱时能吸入充足的气息，呼气时有较强的控制能力，声带挡气的力量增强，调节好咽管的共鸣，把声音的焦点放在软腭上，能运用软腭两侧的力量使声音贴着上腭从口腔发出，其音色明亮、清脆、甜美，具有民族特色，改变了发暗发虚的音色。

以上所述是笔者在教学中运用"咽音"的某些练声法，解决学生难点的一些尝试和体会，不妥之处，请同志们指正。

（原载《齐鲁艺苑》1993 年第 3 期）

我是怎样培养彭丽媛的

王音旋

彭丽媛是山东郓城县一个朴素的小姑娘。1977年，她十五岁考入我院（当时的艺术学校），由于她具备一定的唱民歌的条件，因此被分配到我的课堂学习民族声乐。这个年轻的姑娘，从小热爱歌唱跳舞，但音乐方面她是一张白纸（简谱都不认识）。由于我们学院精心的培养和训练，以及她本人的刻苦努力，三年的时间里，她在民族声乐方面取得了明显的长进。先后参加了全省民歌调演、歌舞会演、全国民族民间唱法会演，随济南军区前卫歌舞团出访北欧六国和1980年的"羊城音乐花会"，均取得了优异的成绩，得到了许多专家和广大群众的赞许。全国不少刊物、中央电台、电视台对她都进行了介绍。在我们艺术学院学习期间，彭丽媛已成为全国有影响力的歌坛新秀。

我们是从以下几个方面对她进行培养的：

首先教育她坚定地走民族声乐化的道路，要为发展我们民族声乐事业做出贡献。让她了解到全国、山东的民族民间艺术是极其丰富多彩的，树立牢固的热爱民族唱法的观念。在我的教学中自始至终对彭丽媛贯穿这方面的教育，因此彭丽媛在我们学院学习期间，坚定地走民族化的道路，这是她取得今天成绩的思想基础。

1. 对她声音技巧的训练

我对她声音技巧的训练，是采取了真假声结合混合共鸣的方法，立足于民族，借鉴于西洋。其具体步骤是首先训练好中声区，在保持她自然音色的前提下，让她的声音自然流畅、圆润明亮。然后使她做到喉头稳定、气息通畅，在正确的中声区基础上向两端扩展音域，并要求做到声区上下统一，没有换声的痕迹。经过反复的训练，彭丽媛演唱的音域已达到两个八度。她的声音清脆甜美、结实明亮，并保持了浓郁的民族风格，她的声乐技巧已经达到一定水平，不仅能演唱民歌，而且对歌剧中的一些大的选段以及难度较大的创作歌曲，如《小二黑结婚》选曲、《微山湖荡起采莲船》、《谁不说俺家乡好》、《包楞调》都能自如地掌握。在声乐技巧上，她已具备了一个独唱演员的水平。

2. 对彭丽媛演唱风格的训练

民族唱法有没有其独到的风格，这是极其重要的，对学生这方面的培养是必不可少的。我以优秀的山东民歌和具有山东特点的创作歌曲为主，同时兼顾其他声乐作品，使彭丽媛逐步熟悉和掌握山东的地方风格，并积累一套保留曲目。为什么要这么做呢？因我院地处山东，对山东人民的生活风俗习惯、环境、性格、感情以及山东民间音乐都比较熟悉，以山东民歌和具有山东特点的创作歌曲为主要教材，使学生对山东的地方风格易于接受，易于掌握。同时还可以为学生积累一套有特色的保留曲目。

3. 对她进行一些特殊唱法的训练

例如高亢婉转的托腔、甩腔、舌尖颤音、波音、滑音、颤音、顿音等。由于她学会了这些演唱方法，因此她的演唱独具特色。

4. 演唱感情的训练

演唱感情的表达要求淳朴、健康，舞台作风自然大方，具有劳动人民的气质和浓郁的乡土气息，要唱出人民的心声。

5. 对彭丽媛语言方面的训练

语言是形成地方特点的重要因素，在训练过程中我要求她吐字准确清晰，字头、字腹、字尾要紧密结合，字头咬得短促有力，字腹要求母音延长不变，字尾归韵准确分明。要求她做到词意清楚，亲切感人。

以上几方面的训练使彭丽媛的演唱具有明显的民族风格和扣人心弦的感染力。

6. 提高她多方面的艺术素养

除专业课外，其他课程的老师对她的培养也是十分精心的，使她各门课程均取得了优异的成绩。此外，戏剧系、舞蹈科的老师对她也进行了辅导，使她的演唱锦上添花。

7. 对彭丽媛政治思想和生活上的关心培养

经常教育她要从各方面严格要求自己，政治上要上进，学习上要刻苦，身体要健康，作风要正派，因此彭丽媛多次被评为三好学生以及院的优秀团员。

彭丽媛的成长是山东人民、山东艺术学院和老师们对她关心培养的结果。

（据王音旋先生手稿录入）

回忆前卫文工团

王音旋

图1　1955年的我

这是一张1955年的照片（图1），当时我是济南军区前卫文工团的一名主要独唱演员。

第二张照片（图2）是我的战友们组成演出小分队，下连队演出时的集体照。照片中前排左起第一人是我后来的爱人，著名作曲家金西同志。

济南军区前卫文工团初建于1949年，是由山东军区文工团、鲁中南军区文工团、胶东军区文工团和渤海军区文工团整合而成。团长是刘风锦，协理员是陈戈，全团建制一百八十多人，担负着为徐州地区某军、青岛地区某军、烟台地区某军和蓬莱、烟台、威海三个海防线的演出任务。新中国成立初期，党的文艺方针政策照亮广大文艺战士的心，全团同志怀着为广大官兵服好务的热忱，制订了年度工作计划：每年让广大干部战士看上两至三次文艺节目。这样一年就要演出二百场以上，即使是这样仍然满足不了广大官兵的渴求。所以团里便组成了许多类型的演出小分队，深入连队，深入偏僻的哨卡和海岛，热情地为战士们演出，哪怕是只有两三个人的哨卡小岛，也要把精彩的节目奉献给他们。小分队的同志们克服了登山摔伤、渡海晕船等困难，发挥"一专三会八能"的作用，不论人数多少，就是只有三五个人的小分队，也能顺利完成任务，演出之余，还为连队教歌、排练节目。尽管当时工作环境很艰苦，任务很重，但同志们一想到能为完成保卫边防的神圣使命贡献一份力量，就感到无比的光荣和自豪，感到无悔的青春在闪光，火热的战斗生活是多么可爱。

图2　我的战友们

这张身着文艺兵军服的照片拍摄于1956年，照片上的我显得格外精神焕发，神采奕奕，因为肩上第一次扛上了"文艺战士专用肩章"。(图3)

"文艺战士专用肩章"首发式于1956年在"八一"大礼堂会议室隆重举行。参加会议的有济南

图3　1956年，我第一次扛上
"文艺战士专用肩章"

军区前卫文工团全体成员，济南军区政治部首长、政治部文化部领导和文工团领导。在隆重的军乐声中，政治部首长和团领导分别发表了热情洋溢的讲话，然后团领导依顺序点名授予每位文工团同志"文艺战士专用肩章"。肩章呈长方形，红呢绒做底色，镶嵌着金边，肩章中有五条金线贯穿，象征着音乐曲谱中的五线谱，中间有一个类似笙的民族乐器，文艺兵标志十分醒目。专用肩章金光灿烂，耀眼夺目，扛在肩上，既令人自豪，也让人感到沉甸甸的责任。

这是一张拍于 1955 年的照片（图 4），上面的四个年轻人，从左至右分别是唐际国、我、张华、赵河，当时都是济南军区前卫文工团的团员。唐际国担任团里的板胡演奏员，我担任团里的独唱演员，张华担任团里的独唱和歌剧演员，赵河担任团里的中音提琴演奏员。从 1948 年起，我们就工作在一起，战斗在一起，革命工作让我们结下了深厚的友谊。部队是一座大熔炉，我们在革命工作中锻炼成长。后来唐际国调到牡丹江市工人文化宫工作，是一位知名音乐人。我成为山东艺术学院的教授、歌唱家。张华同志是北京歌舞团的声乐艺术指导、歌唱家。赵河是山东省歌舞剧院的作曲家、指挥家。

照片的背景是当时有名的济南军区"八一"大礼堂，因工作需要，前卫文工团的驻地就在礼堂的大院里。"八一"大礼堂于 1950 年动工兴建，

图4　1955年，济南军区前卫文工团的团员合影

（左起：唐际国、王音旋、张华和赵河）

当时调集了三个工兵团进行突击施工。官兵们风餐露宿，加班加点，不分昼夜，有的战士在高空作业中献出了宝贵的生命。工程历时三年，于1953年"八一"胜利竣工，号称江北最大的大礼堂。"八一"大礼堂伟岸壮观，能同时容纳三千多人集会。礼堂的正门上方是熠熠生辉的"八一"红五星和"八一大礼堂"五个镏金大字。正门前边有八根高大的石柱，远远望去宏伟而有气势。尤其是那大理石铺成的台阶，沿石阶而上给人以步步登高的感觉。"八一"大礼堂在其后的三十多年里是部队和人民群众大型集会、会演和演出的理想场所。随着时代的发展，大礼堂完成了它的历史使命，于1987年拆除，但在那艰苦年代完成的壮举，却永远存留在人民群众的心中。

（原载张勍主编《老部队·老战友·老相册》，黄河出版社2008年版）

声乐教学研究

唱一曲空绝回忆　念半世慈母情怀

孙志鸿　陈萧芸[*]

王音旋先生是民族声乐界的一代宗师。作为伴随着山东艺术学院成长与发展的资深教授，她努力探索着属于中国文化和审美情趣的"中国好声音"。如原本在声乐界未成功应用且不被认同的"咽音"演唱技法，经过王音旋先生的吸收、借鉴、改良与应用后，不仅解决了学生在声乐演唱过程中遇到的发音难点问题，还开创了我国声乐研究的新领域。再如她对中国声乐传统中的至高境界"以情带声、声情并茂"的现代解读，赋予了民族声乐以深厚的传统根基。同时，在声乐教学中，王音旋先生以身垂范，严格要求，为学生打下了坚实的专业基础。在上下求索民族声乐的道路上，王音旋先生得到了丈夫——山东著名作曲家金西先生的鼎力支持，二人相濡以沫、白首偕老，追寻着共同的梦想。

---

* 孙志鸿，男，山东艺术学院音乐学院副院长，二级教授，硕士研究生导师。山东省有突出贡献的中青年专家，山东省优秀研究生导师，山东省第二批签约文艺评论家；国家社科基金同行评审专家，国家艺术基金评审专家，第35届山东省社科优秀成果评奖专家文化学组召集人，山东省通俗文艺研究会副会长。陈萧芸，女，山东艺术学院音乐学院2015级齐鲁音乐文化方向硕士研究生。

一、声乐演唱技法的探索与创新

王音旋（1936—2013）是我国著名歌唱家，声乐教育家，山东艺术学院音乐学院教授。她创造性地吸收、借鉴、改良、应用"咽音"演唱技法，不仅解决了学生在声乐演唱过程中遇到的种种问题，还开创了我国声乐研究的新领域。

按照传统的歌唱理念，我们依靠演员天然的嗓音条件，以期发出贴近于自然的声音，这种单纯发声方式常被认为能够演绎出旋律最纯朴的情感，因而持续了数千年。虽然这种原始的演唱有着独特的艺术魅力，但并没有一套完整的发声训练方法，也没有形成科学的理论系统，它兴于"一隅"，又缚于"一隅"。首先，在演唱人员的选拔上就非常苛刻，传统演唱方式对嗓音的要求极高，要求声音干净、纯粹、洪亮；其次，传统发声练习是靠每天凌晨到野外去"喊嗓子"，即所谓的"吊嗓子"，但是长期使用这种发声方式对嗓子的伤害较大；再次，随着现代科技水平的快速发展与世界文化的融合，人们不再追求单一的发声方式带来的古老韵味，而是转向寻求多元化的演唱与审美体验。民族声乐演唱方式的改变已是无法避免的潮流与事实。

当这些现实的问题以及紧迫的形势摆在眼前时，王音旋对传统演唱方式进行改良，将"咽音"融入其中，这样既符合大众审美，使演唱者的曲目选择愈加宽广，还保护了演唱者的嗓子，让传统音乐得以更好地流传。她借鉴了异邦的发声技巧，却不会因为这种技巧而改变自己本来的民族风格。

关于"咽音"，王音旋曾专门发表研究论文，阐述它的原理、训练与应用。"咽音"，在 20 世纪 40 年代由著名的医学博士、男中音歌唱家林俊卿跟随意大利音乐家学习后传入我国。所谓"咽音"，就是以打开喉咙为前提，以气息作为支撑，并以特殊嗓音及其行为方式，充分激活喉腔、咽腔各组织技能为核心的嗓音训练，其中某些技术类似于中国传统戏曲中的

"喊嗓"。虽然"咽音"传入较早，但由于受到传统歌唱方式的影响，很长一段时间内并没有被运用到声乐实践当中。我国著名歌唱家郭兰英早年接受过严格的戏曲训练，她说："冬天每天凌晨三四点时就被师父拉去练声，不管身体好坏，要不间断地练习三四个钟头。师父教唱，但是每个人的具体情况是不同的。教学方法是相同的，却没有办法根据每个人的特点来具体指导。"由此看来，我国的传统演唱方式并没有一套科学的练声方法。王音旋对于"咽音"的运用可谓打开了我国声乐界的又一扇大门。她将这种唱法与我国的民族声乐相结合，既扩大了演唱者的音域又不失民族特色。"咽音"有金属般清脆明亮的音色和很强的爆发力、穿透力、持久力，与我国的民族演唱特色相结合，使得歌声更加甜美动人。"咽音"也能解决学生们初学民族唱法时的一些困难，如音域狭窄，"喊"高音、音色单薄，甚至破音的现象，而加入了"咽音"唱法后，音域可由之前的 e^2 或 f^2 拓展至 c^3，音色也更加柔和明亮。这种扎实的声音刚好符合我们民歌的特点。王音旋在"咽音"上的倾力研究为我国的声乐事业发展做出了非常大的贡献。

二、如何做到"以情带声、以字带声"

王音旋老师教学的最大特点是"以情带声、以字带声"，且教学态度十分严谨。她要求学生必须咬清楚每一个字，演唱时歌词不能含糊不清，不能让观众听不清楚歌词所表达的意思。每一个音的尾音、滑音的处理都要妥当。以情带声、以字带声，重要的是把握住歌词与旋律之间的细腻感情，将它们用最恰当的方式通过声音传达给观众，再配合适当的表演，就能将歌曲处理得更加完善。旋律是音乐的灵魂，它无形、抽象，无法用语言表达，只能依靠个人的情感悟性。但是对于大多数没有接触过专业训练的观众而言，便要依附于舞台上的表演者欣赏音乐、体验音乐。因此，演唱者对于情感的把握与处理，决定了观众对歌曲的理解、喜爱以及传唱程度。所以，演唱者必须把握好情感表达的微妙尺度，将观众带入旋律所构建的情境中从而产生共鸣，这也是王音旋毕生恪守的音乐准则之一。

她在教学时，特别强调每一个音、每一个字的发声练习，所有的发声方法均亲自示范，力求每一个音臻于完美。这样表达出来的旋律可以与作曲家内心的所想所触完美贴合，从而正确地引导观众，让他们的思绪与乐曲的情感保持一致。她还善于因材施教，根据学生各异的嗓音条件来制订个性化的教学计划，以指导学生如何利用自身的优势以"情"动人，以"情"带声。

"以情带声、以字带声"与"咽音"唱法高度融合，不仅派生出一套系统、科学的练声方法，革除了传统"土"唱法的众多弊端，同时赋予了民族声乐、传统民间歌曲新的时代风格与价值内蕴。

三、严以教学　才兼文雅

王音旋老师一生致力于声乐事业，培育了大批优秀人才。她不仅认真、严谨地给予学生们专业上的指导，还教给他们做人的道理以及面对生活的态度，对待学生既严厉又温和，犹如慈母一般，备受学生们的敬仰。

她认为，首先要帮助学生树立对民族声乐的坚定信念，这是一切学习的基础与前提。其次，在学习一首新的歌曲时，要充分理解歌词所表达的含义，这有助于歌曲情感的把握；技巧方面，每一个字要用什么样的发音方式，用什么样的语调，尾音上扬还是下落，乐音之间的衔接应该怎样处理，如何恰当地运用拖腔、甩腔、舌尖颤音等演唱技术；针对不同题材与情绪，设计相应的表情、动作以及"服化道"[1]的运用……对于每一个细

---

[1] 服化道，指的是服装、化妆、道具。

节，她都有独到的见解，且不惜精力、体力、财力，不厌其烦地全程示范、指导，直至达到"以情带声、以字带声"的最终目标。这种严谨的教学态度令人敬佩。

王音旋对待教学的态度不止于严肃对待专业技能，她行事低调、谦逊，从不追求功名利禄，永远整洁朴素、得体大方的仪容仪表，体现了她对音乐事业的尊重、对每一位学生的尊重。她尽其所能、倾其所有去帮助学生，不求回报，不计得失。在课下与学生的交往中十分温和，学生们对她既敬佩又仰慕。山东省音乐家协会原主席刘新海说："初识王音旋老师，感觉她温婉贤淑，和蔼可亲，既是一个令人尊敬的师长，又有着邻家大姐那样的亲切气质。之后在一些音乐活动中每每见到王音旋老师，总是被她的谦恭所感染，而她对这些学生辈分的人更是关爱有加，时刻让人深切地感觉到暖洋洋的。"

以上种种，使得王音旋老师收获了丰硕的教学成果，她培养的众多学生均在声乐领域颇有建树，比如著名歌唱家彭丽媛，她极大地推动了民族声乐唱法的发展以及民族声乐在海外的广泛传播，她的成功标志着我国民族声乐已经步入了成熟的新阶段；王世慧、罗余瑛、贾堂霞、韩光霞不仅成长为卓越的声乐演员，也分别在高等教育、中等教育、社会教育等领域为民族声乐的传承与发展培养了大批优秀人才，她们共同为我国民族声乐事业、艺术教育事业做出了巨大的贡献。

四、伉俪情深　互相成就

说起王音旋老师就不得不提到她的先生金西。金西是我国著名的作曲家、音乐理论家，他创作了百余首具有民间风格与特色的音乐作品，出版了《中国民间歌曲集成·山东卷》《山东民间歌曲选集》《山东民间器乐曲选集》《山东民间歌曲论述》等重要理论成果。他居处恭，执事敬，与人忠，其严苛的敬业精神、专业态度与工作作风，对王音旋老师产生了深刻的影响。金西作曲，王音旋演唱，二人合作无间。王老师的教学曲目海纳百川，却以金西的山东民歌风格作品最为拿手；王老师录音时面对金西的严厉批评，从无怨言，反复调整，直至达到理想的艺术效果；金西去世后，王老师克服病痛折磨，精益求精、严谨细致地策划、编辑、出版了《金西创作歌曲集》和《名家演唱金西创作歌曲集》（CD）……夫妻二人共同为我国民族音乐文化的发展起到了积极的推进作用。

著名演唱家王世慧在提到金西老师时，非常激动地说："金西老师非常瘦小，平时很文雅，但是排练的时候特别认真，一瞪眼睛大家都害怕。在录音的时候，王音旋老师有一点技术上达不到的问题，金老师都会当着众人不留情面地批评。"王音旋与金西的感情从始至终都保持着相濡以沫的状态，王世慧回忆道："金西老师就是王音旋的精神依托，他们几乎同时参军，合作了一辈子，这种情感上、精神上的默契是旁人无法想象的。"可以说，没有金西就没有王音旋，没有王音旋就没有金西，二人互相成就，在民间音乐、民族声乐、音乐创作等领域取得了傲人的成绩。

五、一声苦菜音空绝　三界甜旋永绕存

与追求艺术上的执着不同，王音旋老师的生活简朴、低调。她平日的衣食住行格外节俭，一日三餐均是粗茶淡饭；衣着朴素，穿的都是素色的衣服。她的学生王世慧非常了解其生活状况，有一次王世慧去探望她，看到王音旋老师和保姆只吃一盘炒青菜。即使她晚年罹患重病，也拒绝给组织上添麻烦。原本作为山东艺术学院的离休干部，王音旋老师的医药费是可以全额报销的，但是她却为了给国家、给学校省钱而拒绝了住院治疗。甚至当身体已经虚弱到连上楼梯都变得非常困难时，她仍坚持在家里疗养。最后学校为了方便她的生活起居，提供了一间平房作为过渡。王音旋

老师去世的时候由于生活太过简朴，家里连件像样的衣服都找不出来，除了灰色就是黑色。虽然都是些旧衣服，却被王音旋整理得干净、整洁，像极了她平时的作风。

在王音旋老师的遗体告别仪式上，山东艺术学院的池清泉教授难掩悲痛之情，写下了"一声苦菜音空绝，三界甜旋永绕存"这荡气回肠的挽联。空气中飘荡着王音旋演唱的《苦菜花开闪金光》，她就是一朵苦菜花，默默地接受了生活带来的所有磨难。她从不争芳斗艳，把自己的一切奉献给了国家、学校、学生以及自己热爱一生的音乐事业。

唱一曲空绝回忆，念半世慈母情怀。王音旋老师是声乐界的佼佼者，是学生们慈蔼的领航人，她为我国声乐事业的发展立下赫赫之功。斯人已逝，幽思长存，她清亮、婉转的嗓音将永远铭刻在我们心中，激励着一代代爱乐者砥砺奋进，再创辉煌。

王音旋民族声乐教学内容的地域特征

鞠嵾升　菅广福 *

山东民歌种类繁多、内容丰富，是我国传统民歌的重要组成部分。在山东地区，各区县人民因风俗习惯及语言特色等不同，各地民歌也种类各异。带有地域性色彩的民歌与民众生活息息相关，用以抒发情感以及对人生的感悟与憧憬。

王音旋出生于山东益都，现名为青州。青州市地处山东半岛中部，因居于东海和泰山之间，位于东部地区，"东方属木，木色为青"，故名"青州"。青州浓厚的文化氛围塑造了王音旋先生的人文情怀及艺术修养，使其在声乐教学中独树一帜。王音旋先生的民族声乐教学内容充分展现了山东民歌的地域性特征，对民族声乐教学产生了深远的影响。

一、王音旋所授民歌中的地域性体现

王音旋自 1948 年从事声乐工作以来，将自己的一生全部奉献给了民族声乐事业。在六十余年的民族声乐表演与教学积淀中，逐渐形成了其相对独立的演唱风格特征，而地域性特色便是她演唱与教学的重要标签。笔

* 鞠嵾升，男，山东艺术学院音乐学院声乐系主任，教授，硕士研究生导师。菅广福，男，山东艺术学院音乐学院 2014 级声乐表演方向硕士研究生。

者认为，王音旋演唱的民歌以山东民歌为主。

山东民歌是华北民歌的重要代表，它的种类丰富，充满了质朴、风趣的风格特点，给人以直白、洪亮、宽厚之感，与山东人豪迈、爽朗、大方的性格相符。山东人的性格特征及审美取向是形成山东民歌风格特色的重要依据。在曲调方面，山东民歌音调爽朗、明快，衬词丰富，装饰音少，深受各地区方言影响。整体来看，山东民歌可划分为三部分，一是以烟台、威海、胶东半岛为代表的鲁东沿海地区；二是以聊城、德州为主的鲁西平原地区；三是以泰安、淄博为代表的鲁中丘陵地区。青州临界淄博、东营、寿光等地，是鲁中地区的一部分，也是最具山东方言特色的地区。

王音旋作为土生土长的青州人，生长于山东，任教于山东。她的演唱与教学有着挥之不去的鲁中特色，因而具有浓郁的山东风格，进而映射出华北民歌的独特个性，对北方民歌的发展与传承具有重要贡献。

二、王音旋演唱民歌的曲词分析

山东民歌多以单一调式为主，音阶的使用呈多样化的特征。据《中国民间歌曲集成·山东卷》记载，六声音阶是山东民歌中使用最多的音阶，而多以徵调式的使用为主。可见六声徵调式是山东民歌中使用频率最高，最具特色的调式。山东民歌的情感表现方式大致可分为两类，第一类为直抒胸臆的说唱类民歌，第二类为情绪婉转的民间小调。山东小调包括临清"时调"、鲁南"姐儿妞"、鲁北的"杂八调"等。它亦分为两部分，一是流行于农村各地区的本土小调，流传范围相对较小，却具有浓郁的生活气息和地方特色；二是流行于城镇的传统小调，代代相传。这使得山东小调具有了丰富的内涵与独特的风格。在王音旋的民族声乐教学中，小调作品是其教学曲目的重要组成部分，如《绣荷包》《包楞调》《沂蒙山小调》《赶集》等。其他山东民歌还有《对花》《五只小船》《大实话》《唱秧歌》《瞧郎》《馋大嫂》《爬山虎》《赶牛山》《大小姐》《棉乡四季歌》《卖饺子》《绣针纹》等。在教学过程中，她承袭山东民歌体系的精华，同时吸收科学的发声方法，形成独具特色的教学系统。

下面将列举实例进行具体分析：

《包楞调》是山东菏泽成武县的一首民间花腔歌曲，它的唱词质朴，以成武方言为主。1962 年，成武县文化馆干部魏传经在收集民歌的过程中发现了《包楞调》，次年将其改写填词，在山东省民歌演唱会上演唱。魏传经在 1956 年被选派到山东省艺术馆举办的民歌学习班学习时，曾与王音旋同堂学习交流。

据此推断，王音旋应是在《包楞调》问世以后，较早接触到这首民歌作品的民族声乐工作者，她对这首民歌的传唱有极大的推动作用。

《包楞调》除了是我国民歌中的为数不多的花腔作品外，它的语言特征更是极具特色，将山东方言在民歌中的运用表现得淋漓尽致。如"月亮地（儿）""白（bei）楞楞""一点（儿）红（闭口音）""紧包楞"等较为质朴的词语，以及通篇大量"楞"字的轻唱，也是方言的一种表达。总的来说，具体表现为两点：儿化音和衬字、衬词的使用。

月亮地（儿）那个出来了

白楞楞楞楞楞楞楞楞楞楞楞楞楞楞楞楞楞

太阳来出来了一点（儿）红

葵花朵朵向太阳

条条那个道路放光明

楞楞楞

大姐来哎唱罢了紧那个包楞姐来

送给二姐紧那个包楞楞楞楞楞楞楞楞楞楞楞楞楞楞楞楞楞楞楞楞楞

棉花桃（儿）那个开花来

白楞楞楞楞楞楞楞楞楞楞楞楞楞楞楞楞楞楞楞

高粱来结籽（儿）来遍地（儿）红

粮棉丰收好年景

家家户户挂红灯

楞楞楞

一对对（儿）那个飞鸽（儿）来

白楞楞楞楞楞楞楞楞楞楞楞楞楞楞楞楞楞楞楞

百花来开放来万紫千红

五谷丰登好收成

万众来个奔向锦绣前程

楞楞楞

二姐来唱罢了

紧那个包楞姐

送给大家紧那个包楞楞楞楞楞楞楞楞楞楞楞楞楞楞楞楞楞

……

成武民歌《包楞调》歌词

通过以上歌词可以看出，儿化音在这首民歌中的使用非常广泛，这也是山东地方语言特色，用以表达愉悦、活泼、俏皮的情绪。除《包楞调》外，许多山东民歌也将儿化音渗透到创作和演唱中，如胶州民歌《赶集》，在"集（儿）""哥（儿）""庄（儿）""天（儿）"等字中频繁地使用了儿化音。对于儿化音的处理，王音旋将山东人的语言习惯和行腔韵味进行融合，使得作品的语言特色更加丰富，从而赋予作品细腻、平滑、流畅的感觉。

除儿化音外，衬字、衬词的使用更是十分频繁。"那个""来""楞"等虚词在《包楞调》中占有相当大的比重，衬字、衬词的使用也使得整首作品在结构上更加严密。魏传经修改后的版本层次更加分明，更具深浅起伏，更有利于民间花腔的戏剧表达，轻巧的旋律一气呵成，有着欢脱跳跃、耳目一新的视听效果，王音旋的演唱与教学更赋予民歌以婉转悠长的地方韵味。

1980 年，王音旋带着学生彭丽媛到北京参加全国民族民间唱法会演，《包楞调》得到专家们的一致好评。1982 年彭丽媛带着《包楞调》参加了春节文艺晚会，获得了听众的一致好评，随后她出访北欧六国，又将《包楞调》带上了世界的舞台，使山东民歌走向了世界。

山东民歌《绣荷包》是王音旋的经典教学曲目。这首作品在全国流传着近百个版本，仅山东地区有谱例依据的就有十四首，这些曲目流行于青岛、烟台、高密、惠民、苍山（今兰陵）、莒南、济南、滕县（今滕州）、聊城、郯城、黄县等地。其中苍山小调《绣荷包》是最为民众熟知的版本。这是一首地道的鲁南风情民歌，全曲由两段的三乐句加衬腔加重尾句组成，共四十小节（20+20）。为山东民歌常用的六声徵调式，上下两段对称。由于苍山地区盛行柳琴戏，民歌音调吸收了柳琴戏的特点，如将"得儿""咿"等拖腔和衬词巧妙地运用到小调中。因其级进与四度、五度跳进相融合的旋律进行流畅自然，使得这首苍山小调比其他版本的《绣荷包》更加细腻柔美。

姐儿房中（啊）绣（呀就）荷（得儿）包（啦哝）

手拿着那钢针（儿）轻上描儿描

显显你手段儿高（呢，哎哎哟）显显你手段儿高（呢）

上绣星辰（啊就）共（啊）日（得儿）月（啦哝）

下绣上（就）凉船（儿）水把上儿漂

黄莺（呢）站树梢（呢，哎哎哟）黄莺（呢）站树梢（呢）

苍山小调《绣荷包》歌词

这首作品在歌词上表达的是对于爱情的直率追求（并非俏皮的感觉），描写了姑娘在闺房绣荷包时对爱情的憧憬与向往，洋溢着少女的热情，在手法上属于借物抒情。苍山小调版的《绣荷包》原本为类似"两句半"的九段歌词，这种形式在鲁中南地区较为常见。在衬词的使用方面，"呀就""得儿""啦哝""呢"几乎囊括了山东地区《绣荷包》版本的所有类型，具有典型的山东风格，体现了鲁南地区常见的用语习惯。在王音旋老师的演唱和教学中，对这首作品衬词的处理往往较为轻巧，吐字清晰，而且"呢"字的演唱实实在在，将少女的质朴通过演唱表达出来，从而保持旋律的流动性和装饰性。

在润腔方式上，通过王音旋撰写的教学文章可知，学生在演唱中，她经常对学生演唱时不同的音区进行调整，根据作品以及风格韵味的需要，调整字腔发音，情趣气质表现因人而异。但笔者对比不同的演唱版本发现，王音旋师生对这首作品的处理大多倾向于"口语化"，将每一个字像说话一样强调出来，这种做法显然大大增加了作品的表现力。

三、王音旋民族声乐教学内容的地域风格总结

通过前文的分析，大致可以得出：民歌地域性风格特征的形成，主要体现在人文环境和对于演唱的处理方式。自然环境决定了各地区人民的生活及生产方式，而人文环境是大众精神生活的财富，所以，在山东的民歌中可以看到各种类型的民歌题材，这体现出山东人民特有的审美方式。通过对王音旋老师演唱和教学的地域性特点分析，可以发现山东民歌风格的形成与当地百姓生活节奏、个性特点紧密相连，加之王音旋的女性特点，

在风格上更追求婉约，在唱腔上却是铿锵有力，在演唱处理上则更为细致，呈现出不同的音乐色彩。人文环境对山东民歌地域性风格的影响，奠定了王音旋老师自身的演唱风格与教学体系的基础。

在演唱处理方面，地方语言、民间戏曲以及演唱技巧都是王音旋民族声乐教学地域性特征的重要组成部分。民歌与地方语言之间的关系最为紧密，假设用普通话代替浓郁的方言演唱，地方韵味会大打折扣。演唱的方言大多是从日常生活用语中提炼而来，将群众的语言习惯融入民歌的编创中，比如叠词、衬词、衬句的使用使山东民歌更具鲜活的烟火气息。对民间戏曲的了解和把握，以及民间戏曲与民歌的融合，能够增加演唱的戏剧性和行腔的流畅性。演唱技巧是体现山东民歌风采的重要环节，山东民歌唱法赋予了其浓重的地方特色，但在王音旋的教学体系中，她十分重视科学的唱法，将科学的发声方法与地方特色相融合，极大地丰富了山东民歌的艺术风格，使其更加契合声乐艺术的发展。

在民族声乐演唱上，地域性色彩无疑是王音旋最重要的艺术标签，同时这一特色也与她的民族声乐教学一脉相承。实际上，早在 20 世纪 80 年代，王音旋老师在《关于民族声乐教学的几点体会》一文中，强调加强民族风格的演唱训练，就已涉及民族声乐教学的地域性问题。她在文中指出："就山东话和普通话来说，虽然都是北方话，有许多相同之处，但在四声上仍有一定的区别，如山东的'山'字普通话是一声（阴平），而山东话是三声（上声）。因此，在演唱地方特点鲜明的歌曲时（特别是民歌），最好是用地方语言演唱，会使人们感到生动亲切，具有浓厚的生活气息。"[1] 她认为，演唱上的民族风格和地方特点形成的原因，主要是依靠方言与地方演唱技巧的训练，这之中隐含了民族声乐教学中的地域性风格特色。为此，她在文中列举了大量的实例分析，如《对花》《绣荷包》《五

[1] 王音旋：《关于民族声乐教学的几点体会》，《齐鲁艺苑》1985 年。

只小船》中使用的山东民歌中常见的"舌尖颤音",也就是"打嘟噜",它多用于衬词上,强调这种唱法需营造轻巧、别致、振奋之感,以起到烘托歌曲情绪、增强地方色彩的作用;《歌唱大生产》《大实话》等是山东民歌中假声使用的代表性曲目,它的特点是细、亮、弱,在幽默风趣的同时,给人以新颖、独特的感觉;《唱秧歌》《瞧郎》中使用"波音"的唱法,用以表现山东民歌中嘹亮、抒情之感;"直音"更适合表现高亢、粗犷的山东民歌;"滑音"是许多山东民歌中都有的唱法,可加重语气,如曲目《赶集》等;"颤音"则表现柔和、甜美之情;"顿音"在山东民歌中,多表现跳跃、欢快的情绪……

基于上述实例,王音旋认为山东民歌可分为强悍粗犷型、风趣幽默型和淳朴抒情型三类,这是她在长期的教学实践中所积累的宝贵经验与心得体会。这也恰恰说明王音旋老师在教学过程中所显示出的浓厚的地域性色彩,主要体现在以下三个方面:一是根据山东民歌类型、体裁和题材进行分类,因材施教;二是注重学生对山东民歌演唱的独立性思考;三是强化学生对山东民歌演唱技巧的把握。对于第三点,王音旋表明了自己的立场,即"掌握本地区的风格特点,并不排斥学习和演唱其他地区的民歌、外国民歌和具有民族风格的创作歌曲,以丰富他们的曲目,扩大艺术的视野,提高学生的水平"[1]。

总的来说,山东民歌由于地域、生活习惯、风土人情等的差异,在音乐风格上独具特色。本文通过分析认为:王音旋民族声乐教学内容中很重视对山东民歌地域特色的挖掘,对这种特色的了解使得演唱者在演唱民歌时能够更好地把握山东民歌的艺术特性,更贴切地反映民歌中所要表达的生活风貌,从而达到更加理想的演唱效果。另外,这一特点使学生在对人文底蕴、历史背景、审美取向等认知中,感受到山东民歌的精髓,以至于

---

[1] 王音旋:《关于民族声乐教学的几点体会》,《齐鲁艺苑》1985年。

真正实现民歌教学的目的。民族声乐教学中对地域性风格的把握需要更多以王音旋先生为代表的杰出声乐教育家，在继承各地民歌传统的基础上，充分发挥地域个性与风采，使民族声乐道路越走越远，越走越宽。

王音旋民族声乐教学中的
教育理念与美学原则

齐婧好 *

王音旋先生是我国著名女高音歌唱家和声乐教育家，她倾其一生致力于民族声乐教育事业的发展，为我国民族声乐艺术的发展留下了宝贵的财富。她倾注毕生心血，只为培养出优秀的民族声乐演唱家和青年教师，以及普及民族声乐，提高全民族的音乐素质。在教学思想上，她开放包容，兼收并蓄，将中国的民族元素尤其是山东地区民歌元素与科学的发声方法相结合，使之适应时代的发展和大众的审美取向；在教学方法上，她因材施教，发掘不同学生各自的长处，培养了多位享誉世界的民族声乐歌唱家。

王音旋于 1936 年出生于山东青州，1948 年参加解放军并从事声乐工作，后曾在天津音乐学院、上海声乐研究所进修声乐专业。1958 年，她转业到山东歌舞团，1964 年转调山东艺术专科学校（今山东艺术学院）从事声乐教学工作。在六十余年的演唱和声乐教学生涯中，王音旋为中国民族声乐艺术的发展做出了杰出的贡献。遗憾的是，她宝贵的演唱方法和丰富的教学经验仅散见于零星的文章记载，未能整理成册。然而，怀着对

* 　齐婧好，女，中央音乐学院音乐学系 2018 级音乐美学方向硕士研究生。

民族声乐艺术真挚的热爱和无私奉献的精神，王音旋将其教学方法和理论研究成果毫无保留地传授给了她的学生们，门下弟子如彭丽媛、王世慧、罗余瑛等均在民族声乐演唱和教学方面取得了傲人的成就。王音旋在几十年的教学生涯中形成了一套具有个人特色的民族声乐教学体系，她和她的学生让民族声乐教育事业不断发展，代代传承，肩负着将民族声乐事业继续发扬光大的重任。

本文在现有研究成果的基础之上，试图对王音旋民族声乐教学的美学特征进行探索，以期挖掘并总结出具有实际意义的结论。主要内容包括王音旋教学的思想基础、教学方法与实践以及情感诠释在教学当中的运用三个方面。

一、真：王音旋声乐教学的思想基础

"真"在哲学领域具有"真理""真实"的含义，指人们对客观事物及其规律的认识。这里用"真"来指代王音旋民族声乐教学的思想基础，是因任何实践行为都建立在思想意识的基础之上。心中没有思想，艺术的美与善就没有生命力。自 20 世纪 40 年代从事声乐工作以来，王音旋身处一个特殊的历史时期，因此她的思想意识的变化大致依托于时代的变迁、社会思想的变迁，而后再着眼于民族声乐发展的"历程实况"，从变迁中把握现象、梳理其发展脉络。这样的"溯源"和"返观"，能够清晰地看到民族声乐的时代性特征和人们审美意识的变化，也能够真实地展现王音旋教学思想的形成与变化。

王音旋所处的年代，在社会政治思想的变化上，经历了 1949 年至 1956 年社会主义革命时期，此时中国社会的主要矛盾是走资本主义道路与走社会主义道路的矛盾。最终在中国建立了社会主义制度后，人民的生活方式和思想发生了翻天覆地的变化；1956 年至 1978 年的社会主义建设时期，此时中国社会为解决人民对于经济文化迅速发展的需要同当前经济文化不能满足人民需要的状况之间的矛盾，以经济建设为中心，解放生产力，但在实践过程中出现了一些错误；到 1978 年，国家实施了改革开放，在经济和思想的发展上都有了极大的飞跃；直到 20 世纪八九十年代，国家以经济建设为中心，继续发展经济，以期实现现代化。

社会思想的变迁决定了文化形态的变迁。在音乐文化形态的变化上，20 世纪 40 年代表现为音乐理论与实践服务于政治需要的做法，这一时期无论是在文艺理论思维还是艺术实践上都显得十分单薄。1956 年毛泽东提出"百花齐放，百家争鸣"后，文艺理论界在音乐发展及音乐思想等问题上展开了激烈的讨论，如贺绿汀的《论音乐的创作与批评》、吕骥的《关于音乐理论批评工作中的几个问题》等一系列音乐理论批评活动。在艺术实践上《中国工农红军歌曲选》《抗日战争歌曲选》等相继问世。60 年代，汪毓和、孙继南、黄翔鹏等音乐理论家为中国近现代音乐史理论的资料进行汇编与出版，这在音乐史料建设方面取得了很大的收获，也带动了艺术实践领域的发展。中国音乐文化的发展终于从百废待兴到重振旗鼓，进入了 20 世纪末的全面建设时期。

我国的民族声乐发展史，大致经历了四个变化时期：首先是 20 世纪 50 年代的红色歌曲，高亢、嘹亮、激昂。以革命歌曲为主旋律的革命化道路体现了当时社会的审美特征和人文内涵，引领着我国民族声乐艺术的发展道路；其次，60 年代是激情燃烧的时代，民族声乐有了新的活力，形成了不同地域民族风格的演唱；再次，70 年代是民族声乐舞台艺术活跃发展的时代，新的歌曲形式冲击了人们的视听习惯；最后是 80 年代至今，以彭丽媛、蒋大为、董文华、阎维文、宋祖英等为代表的民族声乐演唱的新生力量，将我国的民族声乐发展提高到了新的境界。

上述文艺思想的变迁与发展也深深地影响着像王音旋这样的民族声乐工作者。六七十年代，由于长期以来的政治氛围，限制了艺术的发展，因此，80 年代以前，民族声乐主要体现音乐的社会功能性。而 80 年代以后，民族声乐艺术因拥有了良好的发展土壤和成长环境，从而获得了长足的发展。但王音旋演唱的《我的家乡沂蒙山》《谁不说俺家乡好》等艺术作品以传统民族唱法进行演绎，受众面很广，代表了当时大众审美意识由政治性、功能性向审美性、欣赏性的转变。

在新的文化环境下，无论是音乐从业者还是欣赏者的审美意识都发生了不同程度的变化，而审美意识的改变也推动了民族声乐的发展。这一转变强烈地影响了民族声乐创作和表演的内容及形式，而专业的创作和优秀的表演也提升了大众的审美水平。当然，大众审美意识的改变在一定社会时期内需要一个变迁的过程，但这种社会思潮的转变，足以改变与之相适应的一切文化艺术和思想的发展。

实际上，创作者、表演者思想意识的升华，引领着我国民族声乐发展的新风尚。王音旋对于民族声乐的审美，有着自己独到的见解，她的改革意识和创新意识，从某种程度上影响了声乐群体审美意识与歌唱样式的发展，这一点是极其不易的。80 年代以前，我国民歌的演唱形式较为单一，久而久之就形成了单一化的审美心理，这种审美倾向和心理定向决定着人们的审美取向和追求。80 年代以后，新时代、新生活、新的歌唱艺术形式，令审美意识产生了质的飞跃，无论是唱法、声音色彩观念还是舞台表演，都展现出其融合性的特质，而王音旋艺术思想的发展，就是这种融合性特点的体现。

二、善：王音旋声乐教学的实践理性

"善"，孔子之道德核心，形成"善"是耳濡目染、潜移默化、持续坚持的过程。它本是要求人们不做有损他人利益的事，还要多做有利于他人及社会的事，不计报酬，不计名利。而这里我将"善"看作王音旋艺术实践中的一种特性——能够在不理想的艺术环境中独善其身，在物欲甚嚣的年代洁身自好。这是一种理性的艺术实践行为，可将其称为实践理性，是通过艺术实践和教学积累而成的理性艺术思维。姜源远说"科学理论在一定的范围内有绝对的正确性，而艺术理论则无绝对可言"[1]，那么无绝对可言的艺术理论应以什么为评判标准呢？我认为是艺术工作者的理性思维。

理性思维主要是通过形式逻辑的思维方式来认识事物的。形式逻辑是关于思维规律和思维形式的科学，它可以指导我们形成正确的思维方式，对待任何事物要遵守事物的确定性、可证实性、连贯性，切忌想当然。这一点同样应用于艺术实践中。王音旋民族声乐教学的理性思维主要体现在三个方面：一是坚持民族性与科学性的统一；二是坚持辩证的教学方法，因材施教；三是注重个人艺术行为的修养。

（一）民族性与科学性的统一

王音旋的教学思维非常开阔，她自身有一副清亮、婉转的好嗓子，演唱刚柔并济，具有浓郁的山东地方特色。但是她并不拘泥于传统，努力研习演唱中对于语言吐字的运用，将西方科学的发声方法与民族元素很好地融合在一起，演绎出一首首独具特色、悦耳怡人的民间歌曲。

科学的发声方法是王音旋不断探索学习的成果，而她也坚信，我国民族民间唱法有着悠久的历史和丰富的经验。戏曲、说唱音乐等艺术形式在演唱上的成就充分说明，我国民族民间唱法是科学的，是富有自己的民族特色和优良传统，并深受广大人民群众喜爱的。但她也理性地认识到，我国民族声乐缺少系统的理论，也没有形成系统的民族声乐学派。

那么如何才能使民族声乐走得更远？在王音旋的教学体系中，我们看

---

[1] 姜源远：《东方哲学与声乐艺术》，硕士学位论文，山东大学，2009 年，第 19—20 页。

到的答案是坚持民族性与科学性的统一，包括培养学生对民族声乐艺术的信心以及科学的声音训练。从现有的理论资料来看，王音旋的教学思想建立在扎实的民族风格基础之上，同时学习其他民族风格甚至其他国家的歌曲形式，以拓展学生的眼界，丰富学生的艺术事业。[1]

（二）辩证教学法

20 世纪 80 年代，王音旋曾在《关于民族声乐教学的几点体会》一文中记录了她对于民族声乐教学的体会：

> 我在教学中发现，每个学生最好的音域并不完全相同，拿我教的几个学生来说，彭丽媛最好的一组声音是 a^1—d^2，罗余瑛是 c^1—a^1，王世慧是 g^1—c^2，庄惠英是 a—b^1，聂海燕是 a^1—d^2。从上面几例可以看出，她们最好的一段音均不相同。因此，根据不同的情况采取灵活的教学方法，如罗余瑛、庄惠英她们最好的一段音是属中低声区，教学时多结合混合共鸣的训练，其他三人多结合鼻腔头腔共鸣进行训练。此外，学生在唱母音时，各有差异，要找出她们发得最好的母音重点练习，并带动其他音，收（受）到了好的效果。[2]

可以看到，在王音旋的教学实践中，体现了个性和共性的统一，在对学生整体艺术风格把握的前提下因材施教，保留学生的艺术个性。如在对学生声音的训练中，她认为对学生发声技巧训练的重点是保持她们最好的声音，进而扩展音域，根据学生的不同声音条件进行训练。

---

[1] 参见王音旋《关于民族声乐教学的几点体会》，《齐鲁艺苑》1985 年。
[2] 王音旋：《关于民族声乐教学的几点体会》，《齐鲁艺苑》1985 年。

（三）个人艺术行为的修养

个人艺术行为的修养是艺术工作者实践理性思维的重要体现，个人的艺术修养发展到一定程度，艺术家的个人魅力就会凸显出来。王音旋艺术行为的修养主要体现在以下三个方面。

首先是与人为善，对待学生一视同仁，与诸多弟子都建立良好的师生关系，感情深厚。在王音旋撰写的文章中曾提及彭丽媛在中国音乐学院学习时，经常与她通信，而彭丽媛也多次在公开场合表达对恩师的感激之情。

> 我经常回忆起我们学习的情景，永远忘不了我的主课老师，她把我从一个十几岁的小姑娘引领进辉煌的声乐艺术殿堂，她使我了解到什么是声乐艺术，什么是声乐艺术科学的发声方法……
>
> 我在艺术学院学习的时候，王音旋老师就已经教给我很多科学的发声方法，因为她本人在上海音乐学院进修过。她告诉我，唱歌不能张口就唱，用嗓子去唱，那样是不科学的、不长久的，只能作为一个歌者，做不了一个歌唱艺术家，那么想让声乐艺术发扬光大，能唱很多歌曲的话，就应该掌握一定的科学发声方法……[1]

2013年王音旋先生仙去，学生彭丽媛在繁忙的演出工作中抽身前来参加恩师的遗体告别仪式，含泪送别恩师。仪式前，她表达了对恩师的深切悼念之情，感谢老师的辛勤培养，并高度评价了老师德高望重的艺术人生。不禁感受到王音旋与彭丽媛等诸多弟子之间深厚的情谊。

其次是注重自身的职业素养和职业道德。王音旋在教学中不仅身体力

[1] 沈颖：《著名歌唱家彭丽媛受聘我院客座教授并举办讲座》，《齐鲁艺苑》2003年第1期。

行，以自身的艺术修养为学生作榜样，而且她民族声乐的专业素养和职业道德修养也达到了一定的高度。彭丽媛说：

> 在艺术学院上学时，一入校，王音旋老师就告诉我："一个人啊，别管他有多大的成功，有多高的声望，如果做人不成功，就等于整个世界失败了。"我受这种正统的教育比较多，我现在仍然按着自己的规则在做人做事，虽然有时思想上比较保守，但我觉得没有什么不好。当你的艺术成就、你的事业到了一定高度的时候，是什么在发挥魅力呢？就是你的人格。所以我从小学艺的同时，也在学习如何做人，我比较幸运的是，有这么好的专业老师，也是思想品德非常高尚的老师在我周围，就像一棵小树苗没有长弯。[1]

正是在这种积极的教学环境中，才有了今天那么多优秀的学生，为我国民族声乐建设添砖加瓦。

最后，作为一名声乐教育者，王音旋的慧眼识珠以及一双灵敏的耳朵，加之对艺术教学的高标准、高要求，才造就了她民族声乐教学事业上的成功。

三、美：王音旋声乐教学的情感内涵

对艺术之"美"的思考，首先是建立在人与社会本质意义的思考。平时不经意间的交谈、看似与美无关的形象比喻、平常的简单说教，都显现出王音旋声乐教学之美的本意。王音旋对美的本质认识，严谨细腻、中西

---

[1] 沈颖：《著名歌唱家彭丽媛受聘我院客座教授并举办讲座》，《齐鲁艺苑》2003年第1期。

融合的方式方法，以及她对民族声乐范式美的要求，构成了相对完善的民族声乐教学的美学原则。

首先便是情感在演唱中的运用。在教学中，王音旋非常注重对于学生演唱时的情感训练，并借助表演、台词、形体和演唱塑造作品的感情形象。

> 对学生声乐技巧的训练不是目的而是手段，是为了让学生更好地表现声乐作品的内容和感情，及塑造完美的音乐形象。因此，必须十分重视对学生演唱时的感情训练。要求学生演唱时，要有激情和乐感，即便是唱没有歌词的练声曲，也要唱得抑、扬、顿、挫，优美动听。要帮助学生分析理解作品的词意，准确地表达思想内容，演唱时要情景交融，感人肺腑，为了达到此目的，让学生多看一些文学作品，多接触一些其他艺术形式，增加知识、开阔眼界。对歌曲的音乐部分，如歌曲的旋律、节奏、形式等，也要指导学生去分析研究，让他们能够掌握好演唱曲目的风格特点。[1]

民族声乐教学中的"以情代声，声情并茂"是最为普遍的演唱原则。声与情的结合，已经成为民族声乐演唱教学的共识。一般来说，民族唱法要求具备科学的发声方法、专业的演唱技巧，强调情感的抒发，也就是"未成曲调先有情"，来准确、饱满地表达音乐作品的情感内涵。在王音旋的民族声乐教学中，要求学生必须理解音乐作品的情感内涵，并全身心地投入到音乐形象中去，做到情真意切。如彭丽媛认为，民族声乐的一个重要特点就是"音乐要美要明亮，吐字要清楚，主要是唱中国

---

[1] 王音旋：《关于民族声乐教学的几点体会》，《齐鲁艺苑》1985 年。

歌曲里面的韵味"[1]，这短短一句话大致将她民族声乐演唱的美学原则表达得清楚明了，"中国歌曲里面的韵味"实际上就是注重作品的内在含义和情感表达。

在王音旋教学的美学原则里，民族声乐艺术并不拘泥于传统，而是应该向着更高更远的方向发展，既要留住传统的根，又要适合现代人的审美口味，声、情、表一起抓。声乐发声训练与丰富多彩的感情表达，以及语言表达之间的关系不是单一化、固定化、类型化的，而应运用声音去表现反映在作曲家作品中的人物或乡土的思想感情，只有这样才能得到群众的认可和热爱，民族声乐艺术的生命才会得以延续。

其次是艺术风格的表现。其中包括演唱者的个人风格、地域风格以及时代风格等。彭丽媛的艺术观念中，曾多次强调风格的重要性：

……"师傅领进门，修行在个人"，形成自己的艺术风格非常重要……

我认为在每一种歌唱状态下，无论美声或者民族唱法，或者是通俗唱法，或是戏曲的演唱，或是说唱艺术的说唱，都应该是统一的，因为它们是在同一个腔体里面发出的声音，你需要把握的就是，所唱歌曲的不同，演唱风格的不同。

声情并茂，首先是从语言来的，老师教你朗诵的时候，上台词课的时候，要做到了字正腔圆，把字吐出来，那么，你在歌唱中才能把中国字的韵味加上音乐的东西糅进去。一首歌曲首先要理解它的内容和要表达的思想，才能通过自己的演唱，表现音乐的风格，感染观众。[2]

---

[1] 沈颖：《著名歌唱家彭丽媛受聘我院客座教授并举办讲座》,《齐鲁艺苑》2003年第1期。
[2] 沈颖：《著名歌唱家彭丽媛受聘我院客座教授并举办讲座》,《齐鲁艺苑》2003年第1期。

对于民族声乐来说，发声方法的区别并不大，因此声音的辨识度如果不明确就会很容易将演唱者的声音混淆。而风格是事物稳定化、系统化的感性特征，表现为持续一贯的、内部结构互相协调和制约以及比较明显的差异性。个人风格是民族声乐工作者在表演中所表现出来的持续稳定的特征，是该演唱者有别于其他演唱者的艺术个性上的体现。地域风格则是在一个地域内，常常由于师承关系或共同的审美偏好，使得演唱者之间在个人风格上出现的共同性。如王音旋和彭丽媛的民歌风格同属甜美、清亮系。时代风格是一个时代的音乐形态在一定程度上受社会、政治生活以及相关艺术与文化思潮的影响。以上三点在前文论述中，均有所体现，同样也说明了在王音旋的民族声乐教学中，对审美多样性的追求是音乐风格发展的动力。

结 语

王音旋民族声乐教学力求在多变的声乐艺术风格中融入更多的时代发展元素，满足人民群众日趋变化的艺术审美需求。从王音旋民族声乐教学的教学理念与美学原则可以看出，其民族声乐教学体系的构建既是她艺术理想的集中体现，也代表了艺术家在声乐艺术教学中所坚持的美学规范，这也成为王音旋教授毕生追求的民族声乐教学目标。

作为一名民族声乐艺术工作者，王音旋对山东地区民族声乐的传承担负着一种历史使命：我国民族声乐教学实践中如何把握作品中本土的民族性、发声方法的科学性；新时代下如何把握民族声乐艺术的命脉已是学界老生常谈，但这贯穿了王音旋民族声乐教学中的根本原则——无论做什么、唱什么、说什么都要符合中华民族的审美要求。在充分了解和掌握中西音乐文化的区别之后，使我国的民族声乐既体现传统音乐的审美特点，又满足现代听众的审美需要，是王音旋一生都在追求的艺术理想。

本文尝试从美学的角度入手，从王音旋民族声乐教学的思想基础、实践方法以及情感的处理表达三个方面来论述其美学特征，试图找寻王音旋民族声乐教学体系研究新的突破口。但文中论述多有不足，期待王音旋先生留下的宝贵民族声乐财富，能够被进一步挖掘和研究，代代相传。

"因材施教"

——谈王音旋的教学方法

罗余瑛　胥　玥[*]

中国民歌蕴含着的丰富的生活内容，使其成为劳动人民的思想、感情、意志和愿望的重要表达方式，具有强烈的现实性，是我国民间文艺的重要组成部分。在一代又一代民歌传承者的努力下，中国民歌也从口口相传转变为依谱教学和创作相结合，真正形成了"因材施教"的教学模式。本文以王音旋的教学成果为例，重点分析她在民歌教学当中体现出的民族性、地域性、创新性和题材多样性、教学方法多元化等特点，进而总结其"因材施教"的内涵与方法。

一、王音旋教学素材的来源与运用

音乐题材，是指为表现音乐作品主题所用的材料，也是音乐作品内容

* 罗余瑛，女，山东艺术学院音乐学院声乐教授、硕士研究生导师、原声乐系主任。1980 年，就读于山东艺术学院音乐系声乐演唱专业，师从王音旋教授。1988—1989年，在上海音乐学院进修，师从胡靖舫教授、谢绍曾教授。曾师从于艾伯尔教授（美国男中音歌唱家）、汉斯·阿石贝克教授（德国男高音歌唱家）。胥玥，山东艺术学院音乐学院 2016 级声乐专业硕士研究生。

的要素之一。广泛的民歌题材，发现于丰富的社会活动，凝结在人民的劳动成果之中。按照体裁，我们可以将其分为三大类：号子（劳动号子）、山歌、小调（小曲）。

这些题材广泛存在于王音旋的教学作品之中，它们源于生活与劳动，用以构成人物艺术形象来表达歌曲主题思想，并即时地被写入民歌里。优秀的题材是音乐作品的基本因素，也是声乐教学的主要内容。王音旋就以其教学实践经验为基础，结合金西创作的山东民歌及其他各地方民歌，将"教学"当中的第一步"学"的基本材料得以充分运用。根据不同声音条件的学生，选择不同的民歌作品，不仅让学生在演唱民歌时有了更多的发展空间，也为其对民歌的研究提供了丰富的资料和多样的教学方法，是民族声乐教学选材时的多样性和地域性的体现。

（一）声乐作品

1. 金西创作的山东民歌作品

1949 年 2 月入伍后，年仅十三岁的金西被分配到济南军区前卫文工团，从事管弦乐队小提琴首席的工作，后转业进入省艺术馆，继续投入群众文化艺术中工作三十年，直至 1988 年离开岗位。金西的出生地江苏宝应县是苏北与山东沂蒙山鲁南地区毗邻的山水之乡。所谓"抬头遥望蒙山顶，低头细品沂水声"，金西说："我在这里看什么都顺眼，听什么都顺耳。"共同的自然环境，相同的文化传统和人情风俗，加之十年的军旅生涯，使得金西的民歌作品呈现出对山东沂蒙革命老区的向往和对沂蒙人文风情的感叹。

创作初期，金西的部分音乐作品多具有浓郁的山东地方特色，充分体现在他的音乐作品中。1955 年，他作为编辑工作者之一，在《山东歌声》发表了处女作《五年计划放光芒》，后又陆续发表了《农村青年突击队》《合作社的姑娘》《叔叔，叔叔我问你》三首作品。从歌曲的题目中可以看出，金西初期歌曲创作的题材大多来源于与人民息息相关的日常生活，同时又与当时的社会发展背景密不可分。用金西自己的话说"是《山东歌声》激发了我的创作热情，也坚定了我的创作信心"。这一阶段的实践历程，为金西往后的创作积累了丰富的素材，同时也促使他将在民歌当中表达山东人民勤劳、质朴、真诚的人文精神贯穿到整个创作生涯当中。

在对王音旋学生的采访中了解到，金西的作品一直在真实地记录山东民歌。她这样评价金西的创作："一点也不骗你，你可以去沂蒙山上看一看。金老师歌里的那些场景，都是从山上'长'出来的！可以说金老师每个月的工资都贡献给了沂蒙山人民，每每去当地采风，都要给老农家里买好粮食、衣服；他真正地走进了沂蒙的大山，饮饱了沂蒙的甜水，才写出了这么多的好作品。"金西心中这种与沂蒙山区解不开的情缘，促使他创作了一百多首优秀的民歌作品。甜美朴实的歌声，使它们成为群众传唱度极高且喜闻乐见的民歌艺术精品，也让更多的文艺工作者投入对沂蒙山区的风土人情的探索当中。金西创作的《我到沂蒙来拜年》《请到沂蒙看金秋》《唱起山歌乐悠悠》《沂蒙山里果树多》等，与方言相结合的民歌广为流传，更是成为王音旋民歌教学的主要题材。这些作品讴歌了山东人民丰富的生活，题材内容的选择，都颇具地方性特色。歌曲运用的沂蒙当地方言和表演形式，记录了沂蒙山人民原始的歌唱风貌，真真正正与自然人文相呼应，并在创作中将柔美的旋律与山东人刚毅的性格相结合，形成了金西质朴醇美、富有山东特色的音乐风格。

在广袤的山东大地上，沂蒙山成为金西创作山东民歌的主要素材，为其形成具有山东韵味的音乐风格奠定了基础。随后他又创作了以山东其他地方民歌为素材的歌曲如《高山上的百灵鸟》《微山湖荡起采莲船》《清蓝蓝的河》等，更是丰富了他音乐创作的题材。在1980年全国民族民间唱法会演当中，在王音旋的指导下，涌现了一大批优秀的青年歌手和音乐人才。中国艺术研究院音乐研究所原所长乔建中[1]曾经评价过金西的作品："对金西同志来说，这儿（沂蒙山）的山河草木、湖光水色，处处都值得爱，处处都值得赞美。因此，他开始创作起，就以讴歌这里的一切美好事物为己任，就坚定地站在生活的泥土里，任时光流逝，不改初衷。"也正是这种为己任的创作精神，使得金西的创作如同勾勒一幅幅画卷一般，将山东秀丽的山河与人民劳作生活相融合，在流畅优美的旋律里，体现耕织生活与大自然的和谐统一。

2. 其他地方民歌的选材

中国地大物博的自然环境和多民族的发展历史，为中国民族音乐文化的发展提供了优越的条件。丰富的音乐体裁，使得民歌歌种多达千余，精选曲目有两万余首。在人类社会的各个发展阶段，民间歌曲也是不断继承与发展的，具有能承载时代的共通性社会功能和兼容性的更新发展功能，[2]这是多民族国家赋予文化发展的多元特点。

其他地方民歌作品，亦是王音旋教学歌曲的重要组成部分。这些地方民歌以各族人民的生活环境和场景为内容，有着浓郁的地域特色。以民歌小调《绣荷包》为例，有山东、湖北、云南、山西四个地域的版本，各具特色。它们多为情歌、生活歌曲，所描绘的内容也多为妇女柔情、生活嬉戏等，有着浓郁的生活气息。以山东《绣荷包》为例，它曲调柔美，节奏自然流畅，表现了女性纯朴的形象及勤劳、善良的性格，很适合女学生演唱。对比山西《绣荷包》，同样是表达男女之思，其曲调更加欢快明亮，这与山西人豪爽的性格和高亢的嗓音条件有关，极具山西风格特点。山西《绣荷包》在王音旋的教学中，多为嗓音条件较细且明亮的学生而选择，可谓适得其所，曲尽其用。

---

[1] 乔建中，男，音乐学家，中国艺术研究院音乐研究所研究员，曾任中国艺术研究院音乐研究所所长。

[2] 参见袁静芳《中国传统音乐概论》，上海音乐出版社 2000 年版，绪论第 8—9 页。

（二）学生的选拔

丰富的民歌作品为王音旋的教学提供了大量的原始资料，不论是以金西为主所创作的山东民歌，还是汲取的其他地方民歌精华，要想完整地呈现民歌的特色和韵律，就需要具备充分的民歌演唱条件的人才。王音旋在选拔学生时，除了要求他们具备基本的学习能力之外，对嗓音条件、外形条件、性格及人品等要求也十分严格。笔者在采访中了解到，几乎每一位跟随王音旋学习过的学生，对她挑选学生时的细致都有所体会。韩光霞对此记忆犹新："1985 年还在读高中的我代表沂水县参加了省里举办的民歌调演，当时担任评委的王音旋老师发现我声音条件突出，推荐我考山东艺术学院声乐系，本想成为一名老师的我并不想走上舞台，但是在王老师的极力劝导下走入了山艺的大门，她给予了我坚定的信心。进入学校后得知，当时招收学生十分困难，王老师常常跑到地方上，委托同是从事声乐教学的朋友帮忙寻找'好苗子'。无论是声音条件、乐感、接受能力，还是身材样貌等各个方面都要符合她的要求。有时，甚至细致到头发的长短。可见，我是多么幸运才被老师选中的。她还时常提醒我们：'父母给了你们一副好嗓子，是为人民歌唱的，是为人民服务的'，这对我们的精神教育也是很正面的。"王音旋对学生各方面条件的严苛要求，体现了她教学时的"惜才"，也是对歌曲演绎的完美追求，更是对民族声乐教学的坚定信念的坚持。王音旋在论文《关于民族声乐教学的几点体会》当中也表达了她希望学生坚定树立民族声乐信念的期冀。用王音旋自己的话说就是"老师对学生加强热爱民族声乐的教育是教学中一个重要的课题"。

韩光霞还说道："王老师在招生时就比较偏爱零基础的孩子，她要求学生不仅要业务过硬，还要得到多方面的锻炼。"王音旋在论文中总结，对学生声乐技巧的训练不是目的而是手段，是为了让学生更好地表现声乐作品的内容和情感，及塑造完美的声乐形象。除了声乐上的专业训练，王音旋也注重指导学生的舞台实践。根据作品内容，帮助学生在演唱时加上适当动作，有助于感情的抒发，处理恰当会锦上添花。所以，她要求学生认真学习表演、台词、形体、排练、化妆等课程。同时，舞台实践也是检验学习成果的重要课程。她经常带头在学校组织各种类型的音乐活动及音乐会，为学生提供锻炼的机会。还把学生送到工厂、农村、部队、电视台进行演出，不仅使学生了解和克服了自己演唱的不足，增强了学生的舞台表现能力与信心，也让学生在熟悉舞台的过程中积累实践经验，为学生毕业后走上工作岗位打下了良好的基础。这同时也成为检验教学成果，提高改进教学方法的有益途径。

通过选择不同题材的"因材"教学法，既可以在学生原有的嗓音条件下，展示民歌本身的情感内容，也可以使学生在能力范围内，突出声音、性格、表演等特点。在教学时，充分地利用歌曲和学生自身条件这两种"材"，把学生自身条件与歌曲本意相结合，让民歌本身的情感与学生性格特点达成共鸣，使得"情"与"性"，"人"与"歌"相结合，形成了客观事物与主观情感相统一，更完整地展示民歌的艺术魅力，是科学的民族声乐教学方法的体现。

综上，不同地域的风格特色赋予了民歌独特性，王音旋老师的"因材施教"正是体现了共性与个性的把握。共通性的社会功能是中国传统音乐在文化属性上所显示出来的广泛而深刻的特征。宏观上，成为人类共通的经济文化传承；微观上，成为本民族、本领域表现的民俗形式等的社会功能。兼容性的更新发展功能，是随音乐文化产生、发展、演变、衰亡的过程，体现了传承的稳定性（世代相传）与变异性（兼收并蓄）。正是对教学题材进行了精心挑选和琢磨，王音旋才能不断地改进民歌教学方法，将"口口相传"的传统教学逐步转为与"依谱"教学相结合，并通过"声情并茂"的科学教学方式来展示民歌特色，使得学生能对民歌有更直观的了解。

从王音旋遗留的工作笔记与教案当中了解到，她为教学挑选的每一首歌曲都经过了充分考虑，不乏大量的手抄范本。这些范本大多是她在出差工作，到各地采风时与当地老百姓及文艺工作者交流的记录。作为中国民歌不可或缺的一部分，山东民歌与其他地方民歌一样，都是对中国传统音乐文化的传承。社会日新月异，但中国民歌在传承过程中不变的是体现勤劳勇敢、自强不息的民族精神和信念，是支撑中国音乐文化一脉相承的骨架，这使得中国传统音乐具有稳定的传统性基因。在民歌宏观选材上，王音旋着重发扬了中国传统音乐与民族精神的共性（共同特征）。同时，在中国传统音乐发展的历史长河中，中国民族音乐也是流动的，从同一个血脉根源里不断地分支出各个民族、各个地方的特色，创造出不同的音乐类型。又在取其精华、去其糟粕中形成了多种多样的民族歌曲，以适应不断变更的生活条件及社会环境，体现了中国传统音乐发展"兼收并蓄"的变异性（个性）。王音旋在论文《关于民族声乐教学的几点体会》中也写道："在教学过程中，老师必须经常对学生进行热爱民族声乐的教育，让学生真正认识到声乐艺术走民族化的道路不仅有光辉的前景，也是祖国和人民群众对我们的期望和要求。"[1] 正是她在教学实践当中对民族声乐继承传统的把握，将民歌的以爱国为中心的统一的多民族特点加以运用，并汲取优秀的教学题材，才培养了一大批优秀的音乐人才。

二、王音旋教学研究

（一）教学理念

王音旋自 1964 年调入山东艺术专科学校（今山东艺术学院），为音乐

---

[1] 王音旋：《关于民族声乐教学的几点体会》，《齐鲁艺苑》1985 年。

教育事业倾注了毕生的心血。作为山东艺术学院音乐系教授兼副主任，她始终坚持对民族声乐演唱方法进行深入探究，巩固自身演唱技巧的同时不断地给学生树立正确的学习观念和态度，在教学上汲取多种演唱技巧，以完善民歌的演绎，提高学生个性情感的表达。

王音旋对民族声乐教学的热爱与投入，源于她早年丰富的演唱经历。自十三岁参加渤海军区文工团并跟随部队参加演出，一路从淮海战场唱到了抗美援朝前线，在部队的演出经历不仅使她成为一名深受大众喜爱的青年歌唱家，在演唱中练就了扎实的基本功，也给她的教学奠定了基础。为了更好地提高自己，王音旋还先后到天津、北京的音乐学院以及上海声乐研究所进修，到地方学艺采风，虚心向民间老艺人求学讨教，还广泛地涉猎曲艺、戏曲等方面的演绎技巧，逐渐形成了自己独具乡土色彩、声音细腻婉转的演唱风格。她所演唱的歌曲《苦菜花开闪金光》《我的家乡沂蒙山》《谁能比得上咱》等也口口相传，深受群众喜爱。

对自身严格要求的同时，王音旋也深受中国共产党热爱国家、服务人民的精神影响。身为一名优秀的共产党员，她始终坚决执行党的方针，接受党的教导，本着文艺服务人民，为社会主义服务的宗旨。在其演唱艺术取得成就时，却主动提出到艺术院校教学，《王音旋同志先进事迹》中写道："有人感叹'像你这样有发展前途的歌唱演员，改行当声乐教师，不觉得可惜？'王音旋回答'我很愿做教学工作，培养年轻的歌唱人才是我的愿望'。"就这样，本着为国家培养服务于人民的文艺工作者的崇高愿望，她以自己的实际行动毅然投入民族声乐教育事业当中，在她的发掘和培养下，涌现出了彭丽媛、罗余瑛、王世慧等一大批优秀的民族声乐人才。

所谓教学先育人，育人先立人。正是因为王音旋对艺术教育事业强烈的责任感，她时常以身作则，常说："一个优秀的教师，培养的学生首先要在政治思想上过关。"2006 年，王音旋在身体不便的情况下，依然拖着病体参加《金西创作歌曲集》专辑的录制。在济南炎热的夏季里，就算是有空调的录音棚，一般年轻人都待不住，王音旋却一直坚持，一步未曾离开，为的就是把山东民歌传承下去，让民族声乐作品得到发展。王音旋教学的第一课就教育同学们学习做人从艺，她更是言传身教悉心培养。"我培养你，是让你成'家'，而不是做'匠'。如何才能成'家'而不为'匠'，这里面，品德是第一位的，艺术比拼到最后，关键就是如何做人。"这句话对同学们影响至深，因为王音旋老师不仅教会了她们如何唱歌，更教会了她们如何做人。[1] 她的每一个学生几乎都从老师那里听到过这样一句话："父母给了你们一副好嗓子，是为人民歌唱的，是为人民服务的。"在这样严于律己的思想感染下，学生们不仅学到了扎实的音乐知识，也从她身上学到了做人坚持不懈、服务他人的品德。

（二）教学风格

民族声乐的教学主要以民歌作品为主，歌曲内容呈现的风格必定涉及民族传统与精神，也就具有民族性、传统性。在王音旋的教学过程中她曾说道："老师必须经常对学生进行热爱民族声乐的教育……演唱上的民族风格和地方特点是由多方面原因形成的，要培养学生对民族声乐树立坚定的信念，加强民族风格的演唱训练。"

从地方特点上说，语言成为我国民族传统唱法的重点，方言的表达不仅体现了各民族语言的特色，也是歌曲艺术的核心灵魂，而且更能直接抒发人民内心情感，并随音乐历史的发展，形成了一套完整的演唱理论，如"五音""四呼""十三辙"。在发音方面，王音旋也提出了自己的见解：整个教学过程中都要进行这方面的训练，演唱时要求学生字头、字腹、字尾要紧密结合。字头要有力而适中，字腹要保持发音口形不变，字尾收得要

---

[1] 逄春阶、王新蕾：《做老师，就要做王音旋这样的老师》，《大众日报》2013 年 10 月 18 日。

明确而完整。其中，根据多年的山东民歌教学经验，她还整理了山东民歌的三种类型：强悍粗犷的、风趣幽默的、淳朴抒情的。以两首山东民歌《赶牛山》和《包楞调》为例，这两首民间小调都来源于人们赶庙会时的热闹场景，风格欢快明朗，属于风趣幽默型的山东民歌。最具特色的还是这两首歌曲的语言，在教学时，王音旋要求把这两首歌当中的华彩衬腔，如《赶牛山》中的"溜溜溜……"和《包楞调》中的"楞楞楞……"自然而通畅地唱出结实明亮的高音，达到声音的上下统一。《包楞调》中"白楞楞"的"白"要根据鲁西南地区的方言发声轻读特点，唱为"béi"，原汁原味地体现了鲁西南人民性格的泼辣风趣；但不能太过花哨，民歌就是要唱出老百姓的心情，唱得太过俏皮，就会失去它原本独有的特色，这是对民族传统的传承。

（三）借鉴戏曲、美声方法

在王音旋看来，民族声乐教学只有传承是远远不够的。教学中，她还坚持改革创新，进行实践探索，形成了科学的发声方法与演唱相结合。学生在练习时总会遇到许多问题，在采访中了解到，有的学生条件突出，却一直用本嗓发声，对声带的损耗很大，基本没有演唱技巧。王音旋就让学生练习"打嘟噜"减少声带过多地使用蛮力，让气息通顺下沉，声音自然就更加连贯；用"哼鸣"的练习方法打开身体里的各个腔体，树立统一的发声通道，在演唱时就不会因为声音闭塞而越唱越紧张；用戏曲当中常用的"打远儿"结合民歌，能使声音更集中，有穿透力的声音自然就传得远了。1984级的学生战梅，入学选拔前各方面都表现突出，既有音色又有音高，可一入学就遇到瓶颈。王音旋利用京剧的"甩腔"发声方法，帮助她把声音"拉"了回来。王音旋常说："本来就有好条件，稍加修饰和科学的发声练习方法就会有好的声音。"

王音旋不仅结合戏曲进行教学，还借鉴西洋唱法（如"咽音"唱法）

对传统民族发声"取其精华,去其糟粕"。在她遗留的书籍当中,不乏一大部分意大利读音教材和歌曲,她对意大利美声唱法的研究是受到在上海声乐研究所学习时的老师林俊卿的影响。在其中,"咽音"的发声方法就广泛地应用到了教学当中。她强调,演唱时要有一个强大的"后咽壁"[1],要用咽壁和腔体来歌唱,声带起到"桥梁"的作用,胸腔与头腔的结合在腹部力量的支持下,声带会自然发出漂亮的音色。王音旋给学生树立了一个正确的发声理念,能够客观地辨别声音的好坏,找到合适的气息位置、共鸣腔体,保持了民歌自身的韵味,同时气息与声音还能自然流动,让歌者尽情发挥时,听者也有淋漓尽致的享受。

王音旋坚信民族声乐发展的前途是灿烂的,在她辛勤的耕耘下,不仅诠释了民族声乐传承中华传统文化民族性、传统性、地域性的特点,还大胆革新,汲取戏曲与西洋美声优秀的经验,立志解决民族声乐演唱的弊端,完善发声技巧,使得演唱方法更加多元化,具有创新性。用科学的教学方法传承山东民歌意蕴,培育了一批品艺兼优的歌唱人才和教育工作者,身体力行地延续文化传统,赓续民族精神。

---

[1] 口腔上腭到小舌软腭。

王音旋民族声乐教学特色初探

鞠嵾升　高飞飞*

王音旋作为我国当代民族声乐领域的重要代表人物，致力于探索中国民族声乐，特别是山东民歌表演的教学。她从学习原生态的发声到钻研科学的发声技巧，在肯定中国原生态唱法的基础上借鉴学习了西方美声唱法。山东民歌地域性强，风格独特，为使山东民歌在她的声乐教学中发挥更好的作用，王音旋用严谨的态度和开放的视野不断地探索学习，形成了一种独特的声乐教学理念。

王音旋演唱的电影《苦菜花》插曲《苦菜花开闪金光》，短短几句歌词，她用细腻的处理方式以情带声，加之胶东地方口音，唱出了战争年代的苦难悲壮与革命豪情。"城跨山边，河绕城下，石桥横通，气象宽朗"（林徽因《致梁思庄》)，不知是受这迷人的益都美景的熏陶，还是因为骨子里流淌着的山东人的血液，出生于此的王音旋老师有着对山东民歌发自内心的喜爱和超乎常人的理解，让她把自己的一生都奉献给了这份爱入骨髓的声乐艺术。

---

* 　鞠嵾升，男，山东艺术学院音乐学院声乐系主任，教授，硕士研究生导师。高飞飞，山东艺术学院音乐学院 2015 级声乐专业硕士研究生。

一、中西唱法的融汇

传统山东民歌是运用我们通常所说的"大本（白）嗓子"演唱的，这也与民歌的起源相关。在劳动人民劳作过程中传承下来的民歌，本身就是自由、原汁原味、与生活紧密结合的。随着时代的发展，人们对艺术审美的需求不断提高，就山东民歌的演唱来说，科学的发声方法解决了其以往存在的各类问题，在听觉感受与情感表达方面均有了质的飞跃。王音旋在西洋唱法传入中国的大势下，将其与我国的民族唱法相结合，并合理地运用到她的声乐教学中。

（一）对中国传统唱法的认同

王音旋在总结了戏曲音乐、说唱音乐等艺术形式以及当时涌现出的大批艺术家和民间歌手的艺术特色后，认为我国的民族民间唱法是可取的，是富有民族特色和优良传统并受广大群众喜爱的。最初的民歌演唱手段主要是运用原生态的演唱技巧，并无科学的发声方法，以一种独特的形式表达着最质朴的情感。

使用原生态唱法，可以恰如其分地把握山东民歌小调抒情、质朴、诙谐，及具有乡野味道的风格特点。但这种唱法也有一定的局限性，比如，声音扁而不圆润，音色直白，不能更灵活、婉转地表现歌曲，演唱时间较长会造成声带疲劳或者声带损伤。演唱者在声乐作品的选择上也有限制，比如西方的咏叹调以及艺术歌曲就不能用原生态唱法来演唱。

山东民歌有它独特的风格特点，有的曲调优美，起伏自然，极为抒情；有的旋律灵巧，律动俏皮，幽默诙谐；有的声势磅礴，节奏激昂，强悍粗犷。为了更扎实地表现地方特色，需要掌握彰显各类山东民歌的特色演唱技巧，比如舌尖颤音、假声、波音、直音、滑音、甩音、顿音、泛音等。具体如下：

（1）舌尖颤音是山东民歌常用的演唱技法，即用气息冲击声带，舌尖放松而自然卷曲所发出的声音，"打嘟噜""打花舌"，多用来表现欢快愉悦的情绪。

（2）假声的运用。在原生态民歌中真假声的运用是泾渭分明的，假声常出现在山歌、劳动号子等民歌种类当中，发声位置比较靠前，不强调后鼻腔打开。

（3）滑音与甩音。滑音多用于下行，其中以三度的下滑音比较多见。甩音与滑音相反，多为上扬。滑音落音长，甩音短。在演唱中有直接往上甩的，也有先下滑后上甩的，具体要根据歌曲的内容进行灵活运用。

（4）顿音。"声断气不断"，字字短促，似唱似说。这种顿挫、断腔多用于表现情绪的大起大落。

（5）泛音。介于真假声之间，即歌唱中假声中糅进"嘘声"所发出的声音。多用于突然翻上的短促的高音，或者在下行旋律中表现有气无力、无可奈何的情绪。

（二）对西方美声唱法的探索

在王音旋的声乐教学材料中，发现了很多有关西方美声唱法的书籍以及意大利歌曲集，在曲谱上还有她用铅笔做出的许多勾画。通过她的学生回忆，王音旋为探究西方美声唱法付出了大量精力，比如搜集的欧美各国声乐学派的作品，世界著名声乐教育理论家的理论成果；有关西方歌剧的材料，包括莫扎特、普契尼、威尔第等作曲家的剧作，以及剧作的背景、人物与剧情的简介；还有手抄或印刷装订的专门介绍著名歌唱家如帕瓦罗蒂、斯义桂等的小册子。以下是王音旋总结西方美声唱法的基本知识：

（1）呼吸。为了了解呼吸器官的构造与呼吸运动，她手绘了鼻、口、咽、气管、肺等呼吸器官示意图，还包括呼气时的横膈膜、吸气时的横膈膜与深呼吸时腹肌等协助呼吸的状态。呼吸是发声的动力，更是表现歌曲内容的手段，具有基础性作用。

（2）发声。发声器官是喉头，振动体是声带。声带闭合，气流通过，激起了声带振动，因而发出声音。气流越大，声带振幅和张力增大，声带闭紧，从而发出强而有力的声音，反之同理。

（3）共鸣。胸腔、气管、支气管、咽腔、口腔、鼻腔和鼻窦都是共鸣器官。为了使各声区音色统一，需要正确地、合理地调节共鸣。

（4）发音。唇齿、软腭、硬腭、舌均为发音器官。在西洋美声唱法中腔体的灵活运用是关键，中国传统声乐强调"字正腔圆"，在西洋美声唱法中只有腔体打开，上下通透，才能达到类似的效果。

（三）咽音唱法的实践

20世纪40年代，咽音唱法从西方传入我国。在林俊卿的倡导和带领下，逐渐在我国声乐界掀起一股学习热潮。王音旋亦在50年代赴上海声乐研究所跟随其研习。咽音唱法有八个步骤，主要针对一些嗓子处理有问题的歌者或者歌唱家，比如说声带长小结了，就用这个方法去练、去解决。咽音唱法能提高歌唱能力，咽音有清脆明亮、金属般的音色和很强的爆发力、穿透力、持久力，在声音中融入咽音，将会使声音大放异彩。在声乐教学上，咽音唱法具有科学性较强、适用性较广等特点。

咽音唱法成为王音旋构建科学唱法的一道曙光，她将咽音唱法与我国民族传统歌唱方法深入融合，在拓展音域、改良音色等方面具有良好的效果，形成了独有的民族声乐训练理论与体系，彭丽媛、王世慧、罗余瑛、庄惠英、战梅、韩光霞等学生均接受了不同程度的咽音训练，也都获得了良好的教学效果。这无疑是王音旋声乐教学的又一次飞跃。

从总体上看，王音旋走的是中西贯通的教学实践路径，她以中国传统演唱方法为基底，革除其积弊，全面探索西方美声唱法，有选择地引入与山东民歌演唱特点高度契合的"咽音"唱法，体现了其兼容并蓄的教学思路和艺术胸怀，促使山东民歌的演唱和教学逐渐走向科学的、系统的正轨。

二、王音旋声乐教学方法的特色

王音旋是一个有责任感、有计划的人，她有一个笔记本专门记录教务工作和教学工作。在担任声乐教研室主任期间，她带领教研室全体老师认真制订教学计划，并且专心听取各位老师的意见和建议，一丝不苟地记录，善于发现问题，勤于解决问题。对待学生，她亲切和蔼，经常给学生"打个条"，让学生跟其他声乐老师上课，以拓宽学生的专业视野。

（一）"大家会诊"的教学方法

王音旋提出了集体教学的教学方法，就如许多"大夫"给一个"病人"看病，称为"大家会诊"。她由自身开始推广，让自己的学生面向几位声乐老师组成的小组，进行演唱。唱毕，由她首先提出意见，再由其他老师分别阐述存在的问题。这样的方法，开诚布公，博采众长，收获了良好的效果。

（二）根据学生实际情况开展舞台实践

舞台实践是每个从事声乐专业的人的必经之路，可以说学习声乐的最终目的就是登上舞台。王音旋不但在演唱方法上不断地探索，在指导学生的舞台实践中，同样也是一丝不苟，细致入微。

为了让一首作品完美地呈现在舞台上，王音旋首先加强音乐情感的处理。她要求学生并且帮助学生理解声乐作品，以吃透作品表达的意旨，并与自身情感深度融合，达到以情带声，才能更加完整地表现作品。演唱中还要保持无比积极的状态，充满激情。同时，王音旋要求学生广泛地欣赏其他文艺作品，以开阔眼界，这样有助于增强学生的艺术感悟和积累，提高情感表达的能力。

良好的肢体语言表达，在演唱过程中会给声乐作品增光添彩，使整个表演更加生动。王音旋特别注重引导学生在演唱中如何运用肢体语言，如手势、表情、眼神等。山东艺术学院的赵庆霞教授回忆时说："学生不但在声音上，在其他方面的一招一式上都得她亲自教，什么时候出这只手，什么时候收回来，什么时候做这个表情，她都是有计划的，这种小细节的教学她都认真地备课。有时候其他老师就说，算了，就让学生自己发挥吧！她就不，坚持手把手教，所以她的学生对知识巩固得很好。"王音旋严谨的教学态度，深深影响了一届又一届学生，在她的课上学生不仅学到了声乐演唱的知识，也在艺术修养上得到了全面的提高。

在舞台实践中，王音旋的要求甚是严格，除了基本的声音和表演，包括化妆、服装、饰品等面面俱到，每次学生演出前她都一一把关。王音旋始终认为，参与不同类型的实践演出非常有利于学生积累舞台经验，熟悉舞台生活，并通过自己的舞台表现与观众的反馈认识到自己的不足，从而弥补不足，不断进步！这同时也对教学有很大的促进作用。

"声乐教学的最终目的就是舞台"，王音旋在教学中一直强调这点。她鼓励学生参加学校组织的各类演出，参加各类比赛，从实践中积累经验，熟练掌握舞台技能。学生逐渐适应了舞台，不但演唱水平得到提高，还会在舞台上把作品的艺术思想和情感自如地表现出来，呈现在眼前的就是一种内外相兼的统一的美。

三、王音旋教学的影响

（一）教学理念效果显著

在民族声乐的教学过程中，王音旋特别注重因材施教。她曾经这样写道："我在教学中发现，每个学生最好的音域并不完全相同，拿我教的几个学生来说，彭丽媛最好的一组声音是 $a^1—d^2$，罗余瑛是 $c^1—a^1$，王世慧是 $g^1—c^2$，庄惠英是 $a—b^1$，聂海燕是 $a^1—d^2$。从上面几例可以看出，她们最好的一段音均不相同。因此，根据不同的情况采取灵活的教学方法，如罗余瑛、庄惠英她们最好的一段音是属中低声区，教学时多结合混合共鸣的训练，其他三人多结合鼻腔头腔共鸣进行训练。此外，学生在唱母音时，各有差异，要找出她们发得最好的母音重点练习，并带动其他音，收（受）到了好的效果。"[1] 她直接教导和培养的学生仅有十几人，但是对每一个学生她都毫无保留、倾其所有。在科学的演唱方法的基础上，根据学生的优点和长处，像璞玉一样精心打磨，帮助她们早日找到属于自己的那片天地。

（二）人才培养硕果累累

1. 青出于蓝——彭丽媛

在王音旋老师的《我和彭丽媛》一文中写道："根据小彭的具体条件，我制订了严格的训练计划，在教学上做了通盘安排。首先教育她要热爱我们的民族唱法，坚定不移地走声乐民族化的道路，并为此奋斗一生，做出自己的贡献，这是取得成功的思想基础。"[2] 彭丽媛始终如一地刻苦钻研民族唱法，走声乐民族化道路，再加上严于律己、恪守不渝的坚定品格，使她取得了显赫的成就。

---

[1] 王音旋：《关于民族声乐教学的几点体会》，《齐鲁艺苑》1985 年。

[2] 山东省文联编：《山东文坛纪事：四十年历程中的回忆》，山东文艺出版社 1989 年版，第 234 页。

王音旋曾谈到彭丽媛："这是一棵好苗子，就像一块璞玉，要精雕细磨才能成才。"彭丽媛在山东艺术学院学习期间，坚定了自己学习民族唱法的决心，民族声乐成为她的主攻方向。无论是在声音、乐感还是形象气质上，她都是非常优秀的学生。王音旋在培养她的过程中，为她精选了一些山东民歌或者山东风格的创作歌曲，又依据她的嗓音条件，制定了一套有针对性的训练方法，"以山东民歌为主，重点进行舌尖颤音、甩腔、拖腔、滑音等一些特殊唱法的训练"。

王音旋在彭丽媛的第一堂课上如是说："我培养你，是要让你成'家'，而不是做'匠'。如何才能成'家'而不为'匠'，这里面，品德是第一位的，艺术比拼到最后，关键就是如何做人。"王音旋对彭丽媛的深刻教诲，使她终身受益，在艺术的道路上越走越远。

2. 春风化雨——王世慧

1983 年，王世慧在山东省民歌会演上凭借自己精彩的演唱和得天独厚的嗓音条件被王音旋发现，考取了山东艺术学院第一届进修生，跟随王音旋学习。王世慧十分感念恩师，曾经这样说过："如果没有遇到王老师，我可能走不出沂河源。"

"王音旋老师觉得我的声音色彩比较接近她的声音，我那时候年轻，嗓音条件好，但没有什么演唱方法。一开始就用大本嗓唱，到学会科学发声方法，特别是对山东民歌的演唱和风格的把握，都是王老师一字一句、一点一滴教给我的。王老师在学习上、生活上无微不至地照顾我、指导我怎么做人、从艺。她对山东民族音乐风格的雕琢，细致到每个滑音、小弯。"王世慧一直说自己是个山妮，随着时间的洗礼和沉淀，如今的她成长为演唱山东民歌最地道的"山妮"，这都要归功于王音旋对她的倾囊传授。

3. 循循善诱——罗余瑛

1980 年，罗余瑛入校开始学习民族声乐。回忆跟随王音旋学习的日子，她中肯地评价老师是真正意义上的为人师者。王音旋特别强调因材施教，罗余瑛的嗓音属于偏低的女高音，但初学时存在音域窄、换声破音等问题，王音旋指导她采用真假声混声结合，用气息支持声音，解决了这些问题。在已有音域的基础上，王音旋还要求她保持本来具有民族特性的，明亮、甜润、清脆的声音，一步一步地把她引进了民族声乐的大门。罗余瑛在到上海音乐学院转攻美声唱法后，"王老师非常支持和关心我，她经常说，唱美声也不能丢了民族唱法"。

王音旋的悉心教导不但在罗余瑛的学习生涯中留下珍贵、浓重的一笔，也让她开启了人生的另一扇艺术之门。

4. 良师益友——贾堂霞

贾堂霞与王音旋的相识也算偶然，却使两人结下了深厚的师生缘。贾堂霞的民族声乐之路是由王音旋开启的，她作为王音旋的校外学生，得到了与在校学生同样的指导与关心。从 20 世纪 80 年代的屡获奖励，到 90 年代拜入韦友琴门下，再到数张民歌专辑的制作与发行，王音旋即使抱病在身，也依然鼎力支持。王音旋的这份执着不单单是为爱徒传授知识、授业解惑，更激励、鞭策着弟子在民族声乐的康庄大道上勇往直前。

结　语

王音旋的声乐教学是一个教学相长的过程，她对声乐演唱方法的执着探索，对教学态度的严谨求实，对学生的严格要求，对传承山东民歌的坚持，决定了王音旋的教学理念是优越的。她既是一位优秀的歌唱家，又是一位杰出的声乐教育家，双重身份既光荣又充满了使命感。发扬山东民歌是她一生的坚持，她也将这一份执着传递给了她的学生，是教育实现了她的理想。王音旋培养的优秀学生，为山东民歌的发扬做了巨大的贡献，正是由于这些优秀的山东民歌传承者，让山东民歌生生不息、历久弥新，昂扬地屹立于民族艺术之林。

一声苦菜音空绝　三界甜旋永绕存

——王音旋的声乐教学理念与影响

贾力娜　孙　源[*]

王音旋，我国著名歌唱家、教育家。她是德艺双馨的民族声乐代表，培养了诸多杰出的民族声乐歌唱家和优秀的音乐教育工作者，为我国民族声乐的实践与教学的发展做出了卓越贡献。她的教学理念深深影响了几代声乐人，值得我们深入研究。

一、王音旋的声乐教学理念

王音旋贯穿始终的教学理念是"因材施教"和"走民族化道路"。王音旋会根据学生的具体情况制定不同的培养方案，采取灵活的教学方法，如首先要确定学生自身最自然的一组声音，此组声音最真实，易于掌握，所以尽可能多地练习这一组音域，使得学生能够保证自己最完美的音色。同时，树立学生民族音乐自信心，教导他们坚定不移地走民族化道路。这些理念的具体实施由"体现地域风格""注重科学发声""重视表演实践"

---

[*]　贾力娜，女，博士，山东艺术学院音乐学院教授，民族音乐学研究方向硕士生导师，兼职博士生导师。孙源，女，山东艺术学院音乐学院 2015 级音乐学专业硕士研究生。

三个部分构成，它们相互渗透、互为表里。

（一）体现地域风格——以语言为例

声乐是最能直接表现和抒发人们丰富情感的歌唱艺术形式，它是语言和音乐的结合，语言的高低快慢、强弱连断、抑扬顿挫都能表现音乐中的情绪，而语言又具有鲜明的民族性或地域性，不同的语言会形成不同的民族声乐风格，也承载着不同的民族文化、地域文化的风格特色。王音旋要求学生们在地域特色明显的民歌中尽量用当地语言进行演唱，以体现地方特色。

以王音旋首唱的《沂蒙山小调》为例，其音乐结构为"起—承—转—合"型四句体，六声徵调式，运用了鱼咬尾的旋法，结束音以 re—do—la—sol 呈下行进行，流动性较强。在彭丽媛的演唱处理中，字调语调具有非常典型的山东风味，依字行腔，如儿化音、衬词等，如"那个""哎"等，体现了山东话的"艮""冲"的特点，咬字是字头、字尾紧密结合，运用了滑音、颤音、波音等山东民歌典型的装饰音，尤其是运用了舌尖颤音（俗称"打嘟噜""打花舌"等），展现了沂蒙山区的地方特色。

谱例 1：《沂蒙山小调》

沂蒙山小调

山东民歌

沂蒙山好，　　　　　沂蒙（那个）山上（哎咳
多好　看，　　　　　风吹（那个）草地（哎咳
豆花儿香，　　　　　万担（那个）谷子（哎咳

哎）　好　风　光。
哎）　见　牛　羊。
哎）　堆　满　仓。

再如民歌《包楞调》，其歌词"白楞楞楞楞楞……"中的"白"字普通话读音为"bái"，在贾堂霞的演唱版本中则为山东成武话发音"béi"。

谱例2：《包楞调》

包　楞　调
（节　选）

中速　轻快、抒情地　　　　　　　　　　　　　　山东民歌

1. 月 亮 地(儿)那个 出 来 了， （白 楞 楞楞楞 楞
2. 棉 花 桃(儿)那个 开 花 唻， （白 楞 楞楞楞 楞
3. 一 对 对(儿)那个 飞 鸽 唻， （白 楞 楞楞楞 楞

楞 楞 楞 楞 楞 楞 楞 楞 楞 楞 楞 楞 楞 楞）
楞 楞 楞 楞 楞 楞 楞 楞 楞 楞 楞 楞 楞 楞）
楞 楞 楞 楞 楞 楞 楞 楞 楞 楞 楞 楞 楞 楞）

太阳（唻） 出 来 了， 一（吆） 点(儿)红。
高粱（唻） 结 籽 （唻）， 遍（吆） 地(儿)红。
百花（唻） 开 放 （唻）， 万 紫 千 红。

　　根据贾堂霞回忆，她在王音旋的指导下，专程到《包楞调》的诞生地成武县进行实地调研，采访了《包楞调》的搜集整理者魏传经和首唱者、也是省级非物质文化遗产传承人宋慧芳。她在民间演唱版本的基础上，进行了一定创新，即在保留原始歌曲特色的基础上，添加了新式花腔。由此可见，王音旋十分重视向民间学习，她认为只有民族的土壤才能孕育出优秀的民间音乐，也曾对贾堂霞提出"要向民间学习"的指导。她在教学中要求学生向民间艺人学习，要深入民间，扎根生活，了解民歌的创作背景、风格特色、语音语调等；仔细揣摩民间音调中的独特唱法，如上述提到过的舌尖颤音、波音、滑音、颤音和山东民歌常用的甩腔、拖腔、假声、波音、直音、顿音等极具方言特色的装饰音，妥当处理每一个音，注重情感表现。

（二）注重科学发声——以"咽音"为例

受 20 世纪西方文化的影响，我国一些专业的音乐院校集中了许多优秀的声乐家传授西方美声唱法，如上海国立音专的周小燕、喻宜萱、斯义桂、周淑安、胡然等。美声唱法与我国传统民间歌唱方法截然不同，它在欧洲经过了数百年的发展，已经形成了一套较为完善的教学与表演体系，讲究发音共鸣，通过科学的气息运用和规范的练声系统进行发声。其中就包括了王音旋常用的"咽音"唱法。

"咽音"一词，来源于传统意大利古典美声的一种发声训练方法。它在 20 世纪 40 年代由著名声乐家、医学博士林俊卿带入国内，与民族声乐加以融合，进而展开探索研究，出版了《咽音练声体系》《咽音练声的八个步骤》等专著，在全球声乐界引起广泛热议。

王音旋认为，"咽音"除了具有治疗嗓音疾病的功能外，对于提高歌唱能力亦有很大帮助。一些初学民族唱法的学生存在着音域较窄、音色暗虚等问题，"咽音"可以较好地解决这些问题。"咽音"不单单是指从人类咽部自然发出的声音，还指通过特定的训练唱出来的"咽音"。笔者在对王音旋的学生乔玉娟的采访中得知，像她们这样刚刚被老师从民间招收的初学者，声音均过于原始，最大的缺点就是音域狭窄，高音只能用喊，控制力差，容易破音，导致音色极其尖锐，甚至沙哑唱不出声音来；也有的学生发音位置低，打不开喉咙，导致音色空散不统一，缺少亮度。为解决这些问题，王音旋首先会通过深呼吸、无声大开口的练习来使学生的气息充足而稳定，充分打开喉咙后，寻找学生擅长的音区，再根据此音域加以长音练习来掌握高位置的发音及多腔共鸣，使得声音更加自然、流畅、明亮。这样一来，学生们的音域宽广，歌声变得颇有灵性，立体且美妙动听，华丽与朴实兼得，并极具张力、爆发力和穿透力。

王音旋的声乐训练方法中西贯通，以异域技术方法，激活了本民族丰富的民间音乐资源，为现代民族声乐的发展做出了重要的贡献。

（三）重视表演实践——以"情"为本

王音旋最有代表性的教学观念是"以情带声，以字带声"。怎样才能做到"以字带声"？王音旋认为，吐字发音要字正腔圆，不能让观众听不清楚。那么"情"怎样表达？"情"，是一种美的因素，也是审美的动力之一，在声乐作品中即通过美妙的声音和清晰的咬字来表达情感，做到以情为本。王音旋还认为，首先要理解作品的歌词，知道它要表达什么，然后诠释其内涵，用心、用情来带出这个声音，把握好词情、曲情、声情这些艺术的情感体现，加以适当的表演，才能完美演绎一首作品。她常说"要唱到人民心里"，演唱者必须将歌曲的情感把握好、处理好，具有较强的艺术表现力与感染力，将语言与音乐完美结合，才能使一些没有受过音乐专业训练的观众感同身受，带领他们进入到歌曲的画面情感中，也能激发他们的兴趣，引起共鸣。

王音旋是一位舞台表演经验丰富的艺术家，十分注重演唱者的形体仪表，站姿、动作眼神、表情等都要一一到位，还要注意"手、眼、身、法、步"的细节表现等。她强调声情并茂，以情为本，加之适当的表演，有助于对歌曲情感的表达，塑造完美的音乐形象。所以王音旋在教学中要求学生们认真修习表演、形体、台词等课程，认真对待各种排练，平时也要多关注其他的艺术形式及文学作品，博学广采，有助于准确地理解并表达歌曲的思想内容；学校方面也要尽量组织多种多样的演出活动或音乐会，多给学生们舞台实践的机会，积累舞台经验。她鼓励学生们多进行演出实践，熟悉舞台表演，了解自己在舞台演唱中的不足。正因为王音旋如此严格、严谨地对待教学中的每一项任务，才使学生们的实践水平获得了飞速的提高。

二、王音旋的教育影响

饮其流时思其源，成吾学时念吾师。王音旋悉心培养过的学生们无一不表达着对恩师的感激与敬佩，她们认为这种感情无法用言语来表达，这是一种带领她们成长的强大力量。王音旋一生淡泊名利，简朴低调，潜心致力于中国民族声乐的发展，同时对待学生犹如自己的亲生孩子。贾堂霞曾说过："歌唱是一件快乐的事，快乐是很简单的，艺术也应该在简单的快乐中找到本真和纯净，这是我多年来自然而然乐在其中的奥妙所在，在歌唱之中我享受了音乐带给自己的快乐和愉悦。"学生们纷纷表示，是王老师带领她们走向发展民族声乐的道路，也改变了她们的命运。王世慧回忆，如果不是因为遇到王音旋老师，可能她这一辈子也走不出沂河源。贾堂霞也常常在公开场合表达对王音旋的知遇之恩，2013年，为了纪念老师，她专门在中国音乐学院国音堂音乐厅内举办了"缅怀恩师王音旋先生——贾堂霞经典山东民歌音乐会"。音乐会举办当日是王音旋逝世的满七之日，在深沉的怀念中，贾堂霞用音乐会的形式寄托追思，铭感师恩。

身教人于言传。王音旋不论是生活作风还是教学方面都十分严谨。她平时格外节省，不讲究吃穿，就连衣服也格外爱穿素色。据王音旋的学生们回忆，她在上课时虽身着素色衣裳，但总是先整理好仪容仪表后才进行授课，这是她对学生和音乐课堂的尊重。即使重病期间，学生来看望她时，她也会以庄重、清新的形象接待她们。王音旋在教学中不仅注重学生们歌唱技术的提高，还常常教导她们："艺术比拼到最后，关键就是如何做人。"王音旋的惜才与敬业无时无刻不在影响着学生们，她们纷纷秉承王音旋的教育理念，成为德艺双馨的民族声乐工作者，为民族声乐乃至中国传统音乐文化的发展与传承做出了巨大的贡献。

2013 年 10 月 12 日，王音旋因病与世长辞，享年七十七岁。在肃穆的灵堂中，可以看到池清泉教授写的挽联"一声苦菜音空绝，三界甜旋永绕存"，王音旋把一生的时光都奉献给了伟大的民族声乐演唱和教育事业，她的教育精神将永续人间，激励后辈们奋勇前进。

桃李满天下　春晖遍四方

——王音旋声乐教学的贡献

宋莉莉　郦　露[*]

王音旋在民族声乐教学方面做出了巨大的贡献。在人才培养方面，她注重思想意识上的引导，从教几十年来，她高尚的师德及崇高的个人品质，尤为值得关注，尽管一生中直接教授的学生只有十一位，却培养出了一批有影响力的歌唱家、教育家。王音旋始终坚持在民族声乐的基础上进行教学，一对一、手把手的模式，是她的教学特点及风格，而深受她影响的学生，更是继承了她的优秀品质。与此同时，王音旋对民族声乐教学的思索也从未停歇，她的思索不仅上升到了为人民群众服务的现实性层面，更达到了为国家建设和社会发展做出贡献的高度之上。

一、对声乐人才的培养

玉壶存冰心，朱笔写师魂。王音旋将毕生献给了声乐教育事业，培养出了如彭丽媛、王世慧、罗余瑛、贾堂霞等一批有影响力的歌唱家和教育家。

*　宋莉莉，女，博士，山东师范大学音乐学院教授，硕士研究生导师。郦露，女，山东师范大学音乐学院 2013 级音乐学专业硕士研究生。

（一）树立正确的艺术观念

王音旋在教育教学中，始终坚持引导学生从思想意识上去热爱民族声乐。她认为，"我国民族民间唱法是科学的，是富有自己的民族特色和优良传统，并深受广大人民群众喜爱的"[1]。因而在具体教学中，她注重帮助学生树立走民族声乐道路的坚定信念，并促使她们从思想深处意识到，声乐艺术民族化发展具备广阔前景，即便在现实中，需要不可避免地借鉴国外的声训方法，但最终的归宿都是为了发展我国的民族声乐艺术。另外，由于社会经济不断地发展和进步，社会上所出现的对于民族声乐的轻视现象，在一定程度上影响了青年学生声乐理念的形成和发展。

王音旋的上述关注和思考并非没有根据，在现实生活中，她的确遇到了这样的问题。在她所撰写的《关于民族声乐教学的几点体会》一文中写道："有一年招生时，发现有的学生声音较适合发展民族唱法，当时就对他讲明，录取你打算让你学习民族声乐，他本人也表示同意。但进院后他改变了态度，提出改学西洋唱法，而三年以后他发现民族唱法深受群众欢迎，后悔当初自己没有学习民族唱法。"[2]

当然，这样的例子并非唯一。她还谈及："一个学习民族唱法的学生，在前二年的学习中进步很快，成绩很好，参加本院的演唱会及全省大型的音乐会都得到了好评，她自己也很高兴。但奇怪的是放假回家返院后，突然提出要改学西洋唱法，理由是：××城市不要民族唱法的学生，影响她的分配。我们又让她学习西洋唱法，结果是半途而废。"[3]

恰恰是她这种对民族声乐无比坚定的态度，不仅成就了自己的事业，而且培养出了一批优秀的学生。在她的教育教学理念中，王音旋始终认为，从思想意识上帮助学生树立对民族声乐毫不动摇的信念和信心，是一

---

[1] 王音旋：《关于民族声乐教学的几点体会》，《齐鲁艺苑》1985年。
[2] 王音旋：《关于民族声乐教学的几点体会》，《齐鲁艺苑》1985年。
[3] 王音旋：《关于民族声乐教学的几点体会》，《齐鲁艺苑》1985年。

项十分重要的课题，而且唯有这样，才能为国家和社会培养出更多优秀的声乐人才，才能为民族传统文化的继承和弘扬提供强有力的支持。

（二）择优录取，因材施教

从教几十载，王音旋可谓桃李满天下，但是她直接教过的学生却只有十一人。王音旋老师在学生的选拔上极为严格，同时，在田间地头、舞台演出等一切她所走访过的地方挑选富有音乐天赋的好苗子。当师生关系确立后，她便手把手、一对一地悉心教导，倾囊传授。多年来，凡王音旋指导的学生，均成长为优秀的声乐工作者，如细细雕琢后的璞玉，熠熠生辉，散发着无尽的光彩。

1. 对彭丽媛的精雕细琢

彭丽媛是王音旋的优秀学生之一，她虽然仅在山东艺术学院学习声乐三年，却得到了王音旋的倾力教导和培养。据王音旋说，彭丽媛在学院学习期间，始终如一地刻苦学习民族唱法，把民族声乐唱法列为主攻方向。对于彭丽媛，王音旋始终是肯定的，因为她一直坚信，只有坚持走民族化道路，声乐学习才能取得更大的成绩，而这一点在彭丽媛身上体现得淋漓尽致。三年来，对于这位无论在声音、乐感，还是形象及气质上都十分优秀的学生，王音旋给予了专门的教导和培育，她曾言："这是一棵好苗子，就像一块璞玉，要精雕细磨才能成才。"王音旋为她精选了合适的教学曲目，其中大都是优秀的山东民歌和具有山东风格的歌曲。此外，王音旋还依据她的嗓音条件，制定了一套特殊的技巧训练方法，尤其是在演唱技法的教导上，"以山东民歌为主，重点进行舌尖颤音、甩腔、拖腔、滑音等一些特殊唱法的训练"[1]。细心的王音旋为了让彭丽媛综合素质和能力得以提升，还在歌唱感情、语言把握及表演等诸多方面展开了针对性教导，从

[1] 李鹏:《彭丽媛歌剧表演艺术论》，硕士学位论文，内蒙古大学，2014年，第5页。

而为其今后更好地成长和发展打下了坚实的基础。

每当追忆过往，彭丽媛还经常说起她跟随王音旋老师学习的一帧一幕。对于王音旋在第一堂课的话她仍然记忆犹新："我培养你，是要让你成'家'，而不是做'匠'。如何才能成'家'而不为'匠'，这里面，品德是第一位的，艺术比拼到最后，关键就是如何做人。"[1] 带着王音旋老师的深切教诲，彭丽媛在民族声乐艺术这条道路上越走越远，恰恰是王音旋老师每时每刻的至深影响，使她受益终身。

2. 对王世慧的严谨培养

王世慧是王音旋的另一位学生，王世慧曾说："如果没有遇到王老师，我可能走不出沂河源。"[2] 这位自小便十分喜爱山东民歌的学生，出生于山东沂河源头的一座小山村，由于从小潜移默化地受到了山东民歌的熏陶和影响，加之她声音甜美，音乐天赋极高，所以十五岁便进入了沂源县文工团，担任歌唱演员。或许是冥冥之中注定，1983 年，身为沂源县文工团演员的王世慧，代表临沂地区参加了山东省民歌会演。她凭借优秀的个人才能，在会演当中演唱了《沂蒙山小调》和"鲁南五大调"中的《四盼》。未曾想到的是，演出结束后，王音旋竟然亲自到后台找到她，并恳切而真诚地告诉她，山东艺术学院正在招收第一届进修生，她可以选择继续学习。王音旋留给王世慧的记忆尤为深刻，可以说，没有王音旋，她的命运不可能会发生这样的转变。"王音旋老师觉得我的声音色彩比较接近她的声音，我那时候年轻，嗓音条件好，但没有什么演唱方法。一开始就用大本嗓唱，到学会科学发声方法，特别是对山东民歌的演唱和风格的把握，都是王老师一字一句、一点一滴教给我的。王老师在学习上、生活上无微不至地照顾我、指导怎么做人、从艺。她对山东民族音乐风格的雕琢，细

[1] 逄春阶、王新蕾：《做老师，就要做王音旋这样的老师》，《大众日报》2013 年 10 月 18 日。
[2] 张悦、张成：《民歌化恸歌　齐鲁青未了——追忆音乐伉俪王音旋、金西》，《中国艺术报》2013 年 11 月 20 日第 1 版。

致到每个滑音、小弯。"[1] 岁月悄然流逝，如今的王世慧，之所以是山东民歌唱得最为地道的歌唱艺术家，都要归功于老师王音旋的悉心教导和倾囊传授。

3. 对罗余瑛的倾心培育

山东艺术学院音乐学院声乐系主任罗余瑛也是王音旋的学生之一。对于罗余瑛，"她教学极为严谨……也十分严厉，每一首作品，吐字行腔，她都亲自示范，不厌其烦，直到唱到满意为止"[2]。自 1980 年开始，罗余瑛师从王音旋，开始了系统的民族声乐学习，也恰恰正是这段珍贵的岁月，促使她成就自己的音乐梦想的同时，获得了另一番广阔多彩的人生。对于王音旋老师的教导和培育，罗余瑛曾十分中肯地提及，王音旋老师是一位真正意义上的师者，她十分看重对学生的因材施教，尽管直接教导和培养的学生并不多，但她总会事无巨细、认真耐心地分析各个学生自身所具备的客观条件，并据此设定有针对性的教学方法。相比于王老师的其他学生，罗余瑛的嗓音属于偏低的女高音，为进一步发挥她的特长和优势，她前往上海音乐学院学习美声唱法，也得到了王音旋的支持和关心。此外，对于罗余瑛的倾心培育，王音旋不仅可称为教学经验丰富的优秀的师长，也是对学生关怀备至的慈母。"王老师在教学中，大量运用全国各地不同风格的民歌和中国戏曲唱段，同时，她还借鉴西洋唱法，使得学生的音域大大扩展，又不失去民族唱法的音色。从民歌改美声后，王老师还是很支持我、关心我，她经常对我说，唱美声，也不能丢了民族唱法。后来她因病偏瘫后，还让人推着轮椅到班里指导学生们。"[3]

---

[1] 张悦、张成：《民歌化恸歌　齐鲁青未了——追忆音乐伉俪王音旋、金西》，《中国艺术报》2013 年 11 月 20 日第 1 版。

[2] 张悦、张成：《民歌化恸歌　齐鲁青未了——追忆音乐伉俪王音旋、金西》，《中国艺术报》2013 年 11 月 20 日第 1 版。

[3] 张悦、张成：《民歌化恸歌　齐鲁青未了——追忆音乐伉俪王音旋、金西》，《中国艺术报》2013 年 11 月 20 日第 1 版。

4. 对贾堂霞的悉心教导

跟随王音旋老师学习声乐是贾堂霞一生最不能忘却的记忆。一次偶然的机会，这位被乡亲们称为"石旮旯飞出的百灵鸟"的山村小姑娘，遇到了慧眼识才的王音旋。尽管王音旋对这位徒弟倍感喜爱，但对她的教导和培育却极为严格，让这位"百灵鸟"在声乐艺术上取得了长足的进步。从华东六省一市民族唱法比赛获奖，拜韦友琴为师，到摘得中央电视台第三届全国青年歌手电视大奖赛第三名的好成绩，再到 1991 年进入北京武警总部文工团。可以说，恰恰是因为王音旋老师的辛勤付出和无私关爱，成就了贾堂霞与众不同的精彩人生。即使毕业以后，王音旋仍给予贾堂霞诸多帮助与指点。2007 年暑假，贾堂霞赴济南探望恩师，当王音旋听说她有意制作山东原生态传统民歌专辑时，激动地说道："你有这个实力，应该做，抓紧做，我给你做艺术指导！"[1] 由此可见，尽管此时的王音旋抱病在家，但对于弘扬优秀的民族文化，依旧无比执着和坚定。

王音旋在声乐人才培养的过程中，尤为强调学生应从民间汲取营养。"我为什么叫你下去呢？你到了那里，人家有根基，向民间艺术家学的，通过第一手材料，那多有力啊！"[2] 带着这样的教诲，贾堂霞每年寒暑假期，都要深入山东各地学习、采风，她向民间汲取营养的成长道路越走越宽，越走越顺畅，她所演唱的《包楞调》，在继承原有风格的基础之上，发展创新，最终再现了曾经一度流传了几百年之久而如今几近失传的"庙会担经"风味。可以说，正是王音旋老师"为人民歌唱，将歌声唱到人们的心坎里"[3] 的深深嘱托，成就了贾堂霞的人生。

---

[1] 贾堂霞：《怀念王音旋老师》，2019 年 10 月 12 日，光明网 https://wenyi.gmw.cn/2019-10/12/content_33226819.htm。

[2] 王占明：《女高音歌唱家贾堂霞和恩师的故事》，《工会博览》2014 年第 6 期。

[3] 王振红：《贾堂霞经典山东民歌音乐会举办传承民间艺术》，2013 年 12 月 1 日，中国发展门户网 http://cn.chinagate.cn/culture/2013-12/01/content_30760189.htm。

（三）言传身教，塑造人格

1. 无私关爱，慈母胸怀

王音旋不仅是一名优秀的教育工作者，还是一位饱含着深深母爱的可亲可敬的人。正如我国著名教育家陶行知先生说过的那句话："没有爱，就没有教育。"多年来，王音旋始终把自己的学生当成儿女看待，这可从她生活中的细节寻觅踪迹。熟悉王音旋的人都知道，她是一个生活低调，同时又十分节俭的人，但对于自己的学生，她总会想方设法地自掏腰包，为她们添置新衣，改善伙食，几乎付出全部的心力，帮助她们全身心地成长和发展。更有甚者，王音旋因为担心学生们的声带受到损伤，夏天常常用开水为她们烫西瓜吃。"那个时候演出戴的头花、耳环都是她老人家为我们准备的。那个时候工资低，我们也不具备条件买这些。王老师就从家里拿来，给我们搭配。"[1] 无私关爱，慈母胸怀，让学生们至今回想起来无不潸然泪下。虽然王音旋已离去，但她留下的点点滴滴，却时刻影响着这些学生，并成为她们一生当中最难忘、最宝贵的财富。

2. 严格严谨，一丝不苟

王音旋对于声乐人才的培养是极为严格的，而这一点或许是受到了爱人金西的影响，"金老师对音乐要求特别严格，我觉得王老师严谨细致的作风是受金老师影响"[2]，王世慧如是说。

关于王音旋严格严谨、一丝不苟的教学态度，金西的学生、山东省音乐家协会原主席张桂林也有着深刻的体会。对于细节上的严格要求，已然成为王音旋在教育教学过程当中，教导和培养学生的实实在在的"门规"，只要发现一点点问题，她总会不厌其烦地予以认真纠正，并且把自己所能

---

[1] 张悦、张成:《民歌化恸歌　齐鲁青未了——追忆音乐伉俪王音旋、金西》,《中国艺术报》2013 年 11 月 20 日第 1 版。

[2] 张悦、张成:《民歌化恸歌　齐鲁青未了——追忆音乐伉俪王音旋、金西》,《中国艺术报》2013 年 11 月 20 日第 1 版。

传授的都教给学生。可以说，她的这种育人态度，不仅是她的师德及人格素养的鲜活体现，而且也实实在在地影响了学生们的一生。

（四）从表演及舞台实践中展开教导

对于声乐人才的教导和培养，王音旋还十分关注学生们感情上的训练、表演中的训练以及舞台中的具体实践。

首先，在感情训练方面。她指出，每次演唱训练过程当中，都必须要充满激情，要有乐感。与此同时，为进一步达到这一目标，她还往往十分耐心细致地帮助学生去分析理解作品的内涵，因为她深知，只有学生们真正理解和掌握了其中的词意，才能做到情景交融，才能唱出感人肺腑的歌曲。不仅如此，在感情训练上，她还时常引导学生去涉猎一些文学作品，多接触其他艺术形式，以此来拓宽视野。

其次，在表演训练方面。为了进一步将声乐作品的情感最完美地表达出来，王音旋还积极指导她们在表演中如何增添动作，从而达到锦上添花的目的。为达到这一目的，在包括形体、排练、化妆以及台词等课程方面，王音旋对学生的教导也尤为严格。

最后，在舞台实践训练方面。王音旋将其纳入了重要的课程体系，她认为，鼓励学生积极参加学院的演唱会，走出校园进行慰问演出，参加社会实践活动，有利于学生积累经验，熟悉舞台生活。她指出，通过积极的舞台实践训练，不仅可以帮助学生切实掌握自身演唱的真实效果，而且更利于在扬长避短中，促进学生表现力的进一步提升。毫无疑问，这种舞台实践训练的开展和实施，不仅开阔了学生的视野，丰富了她们的舞台实践，而且还从中得到了更多的帮助和益处。此外，舞台实践训练同时也对进一步开展教学改进起到了促进作用。

二、王音旋民族声乐教学特点

王音旋德艺双馨、重品育人的优秀品格和崇高境界，为所有教育工作者树立了标杆和榜样。作为一名优秀的老师，如何扮演好这一角色，如何在教育教学中让学生们获得更多的成长和发展，王音旋对于声乐教学有着自己的心得，主要可归纳为如下几点内容：

第一，在思想意识上进一步关注学生树立起正确的对于民族声乐艺术的认同感。正如前文阐述的那样，王音旋在声乐教学中，首要关注的是学生们从思想意识上去热爱民族声乐。在具体的教学实践中，她不仅注重帮助学生树立对民族声乐坚定的信念，更促使她们从思想意识深处认识到声乐艺术民族化发展是具备广阔前景的，而这一点也恰恰是发展我国民族声乐艺术的根本之处，动摇不得。而且实践也充分证明，她虽然仅仅直接教导了十几名学生，但在她的培养下，这些学生均具备一定的影响力。正是这种对民族声乐无比坚定的态度，才使得她的学生成为一批有影响力的优秀人才，并且她也将这看作一项十分重要的课题，唯有这样，才能在一定程度上促进青年学生的成长和发展，才能为国家和社会培养出更多更好的优秀声乐人才，才能为民族传统文化的继承和发扬提供必要的支持。

第二，在声音的训练上，王音旋经过多年实践经验积累，总结了一套行之有效的训练方法。她认为，新生的声乐教学尤其马虎不得，因为她们尽管有较高的音乐天赋，但大体上仍然存在着发音方面的问题，比如音域狭窄、高音吃力、音色不统一、不懂如何在歌唱中去呼吸等客观的问题。但是，有着多年教学经验和实践经验的她深知，要想弥补这些不足，不能一蹴而就，而是要分阶段去逐步实现和达成。为此，在具体的声乐教学中，针对新生声音的训练，她认为"在教学中首先发现和确定被教学生最好、最自然的一组声音，一般地讲是在中低声区"[1]。在她看来，基于这种考虑，主要是因为这组声音更利于学生掌握，而要想达到完美掌握，将最好的音质音色得以保存，更离不开严格的声音训练过程。为此，王音旋总结了几点方法：其一是深呼吸法，这样的目的是使学生在唱歌过程中，不至于出现气息不足、无法控制的现象；其二是帮助学生掌握高位置发声，而实践中有的学生往往脱离了口腔共鸣以及咬字和吐字的把控；其三是要音量适中，而这一点要求则是为了进一步体现民族声乐唱法的风格和特点；其四是因人而异地展开教育教学，因为学生当中毕竟客观存在着发音条件不同的现实问题，而唯有根据这些实际情况展开有针对性的灵活的教育教学，才能达到最好的教学效果。总之，声音训练在王音旋眼中尤为重要，也是下一阶段音域训练的必由之路。

第三，在民族声乐教学中，王音旋同样关注对于民族风格演唱的训练。她认为，中华大地幅员辽阔，民族之间的语言差异极其普遍。对于民族声乐艺术而言，演唱者在演唱过程中，若无法做到对地方民族语言的掌握，让听众感觉不到属于自身民族语言风格的气息，那么便脱离了生动性和亲切感。这对于一位民族风格的演唱者而言无疑是失败的。为此，她进一步提出了关于语言的训练和地方特点的训练内容，不仅涵盖了"五音""四呼"以及"十三辙"的训练，深入地把握我国民族传统唱法的经验，而且还要掌握民间演唱方面的技巧，比如山东民歌中的舌尖颤音、假声、波音、直音、滑音、颤音、顿音，等等。她结合多年的教学和实践经验，进一步指导学生们如何掌握地方民间音乐的风格特点，比如要想唱好山东民歌，便脱离不了对山东民歌粗犷强悍、幽默风趣、淳朴抒情等韵味的把握，而要想做到这一点，更是离不开多实践、多练习，只有这样才能进一步掌握这些民歌自身的特点，才能在演唱中真正唱出亲切感。

---

[1] 王音旋：《关于民族声乐教学的几点体会》，《齐鲁艺苑》1985 年。

第四，积极引导学生扩宽视野是王音旋声乐教学中的又一个显著特点。对于民族声乐艺术的教育，在她看来，虽然掌握本民族歌曲的风格唱法尤为关键，但对于其他民族以及国外各民族的风格同样不能忽视。为此，她还积极帮助学生们丰富知识积累，扩展艺术视野，从而最大限度地提升她们的综合素质和能力。

第五，在民族声乐教学中注重因材施教。对于每一位同学，无论天赋如何，她总会对其倾注自己所有的心血和汗水去精心培养，根据学生的长处和优点，为每个人定制教学计划。她坚信只有做到这一点，才能最大限度地发挥学生的长处和优点，把每块璞玉打磨成才，帮助她们出类拔萃地成长，早日找到自己的天地。

第六，民族声乐教学中注重言传身教。王音旋常说，"艺术比拼到最后，关键就是如何做人"[1]。在王音旋的教学观念里，她为所有学生上的第一课的内容都是品德与做人。育才要有道，作为一名教育工作者，不仅要具备为学生答疑解惑的能力，更要具备帮助学生树立正确的人生观、价值观和世界观的使命感，帮助她们学会如何做人，提升思想道德素养。

王音旋为民族声乐艺术的一生执着和坚持留下了催人奋进的宝贵精神财富。用"鞠躬尽瘁"来概括和形容王音旋对于声乐艺术教育教学所做出的贡献，一点都不过分。无论是从思想意识层面去帮助学生树立正确的民族声乐艺术观念，还是具体到声音训练、民族风格唱法的把握以及学生综合素质和能力的提升等诸多方面，王音旋无不倾心倾力，日夜操劳，这种高贵的人格和品质，尤为值得我们学习。

---

[1] 孙秀岭：《师者的风范》，《大众日报》2013 年 10 月 27 日第 1 版。

三、王音旋民族声乐教材的编写

基于对声乐艺术民族化发展的探索和思考，王音旋在民族声乐教材的编写方面也做出了积极贡献。她结合多年积累的实践经验，编纂了《民族声乐教材》，晚年时期，尽管身体抱恙，依然不忘关注民族声乐发展的方向，坚持整理爱人金西所创作的歌曲，并编辑成册，为民族声乐的研究和传承提供了可以参考的宝贵资料。

王音旋骨子里无比热爱民族声乐，尤其对山东民间音乐给予了高度的肯定和认可。她认为富有地域民族特殊韵味的山东民歌，不仅唱腔高亢嘹亮、优美抒情、朴实无华，而且更能唱出山东人内心深处的声音。她进一步强调："我国在京剧、民歌、说唱音乐等方面涌现过大批享誉世界的艺术家。这说明，我们的民族声乐是最富民族特色和优良传统的。"[1]

王音旋在声乐教材编写的思考中，对于西洋唱法，也有着非常中肯的评价。她认为尽管意大利、西班牙、法国等国家的唱法有着四百多年不可忽视的悠久发展历史和文化艺术沉淀，而且演唱技法也十分高超，但鉴于我们与他们在生活习惯、语言、欣赏爱好等诸多方面，存在着巨大的差异，因此，对于西洋唱法的态度，我们的思路只有一个，那就是只能借鉴，不能拿来，我们要善于学习西洋唱法中的科学发声方法，这才是我们应该做的事情。

王音旋在编写声乐教材过程中也深刻地认识到，我国民族声乐艺术的传承和弘扬，乃至今后进一步的完善和发展，需要紧紧依靠教育教学这一途径来予以实现和达成。自参加工作之后，王音旋不仅一如既往地坚持民族声乐教育教学，而且更是结合自己多年以来的实践经验积累，以积极的态度开展关于民族声乐文本的编写工作。对于民族声乐的传承和发展，王

[1] 陈丽媛：《音乐的旋律永久回荡——忆歌唱家、声乐教育家王音旋》，《中国文化报》2013 年 11 月 15 日。

音旋开展了山东民歌的积极整理和挖掘，对源于民间的传承技巧尤为关注，基于这点，在教学中她要求学生一定要走向民间去汲取营养和寻找创作源泉。可以说，看似微不足道的工作和对学生循循善诱的科学引导，恰恰对传统民族唱法的传承起到了至关重要的作用。在她的引导之下，学生们越来越重视对民间艺人及民间音乐资料的关注，这种关注对于学习和继承民族民间音乐，对于山东民族声乐事业的繁荣和发展，更是起到了积极的支持和推动作用。

此外，在新的历史时期之下，对于我国传统民族声乐与现代民族声乐应该如何更进一步地协调发展的客观现实问题，王音旋也展开了积极的探索和思考。结合多年的教育教学实践经验来看，她认为，对于当前的传统民族声乐，我们必须采取积极的措施，尤其要注重保护和发展，而对于那些不注重继承和保护民间艺人，致使很多的民间传统声乐技艺和文化失传的现象，王音旋更是痛心疾首，追悔万分。若不注重有效的保护传统民歌声乐艺术真正的生存土壤和发展空间，那么我们的传统民族声乐艺术在不久的将来将再无生存的土壤和根基。王音旋为了进一步挖掘和保护岌岌可危的优秀民族声乐民间技艺和文化，她也时常与爱人金西一道，走访民间，深入民间，通过自己锲而不舍的努力和执着，在保护和发展我国民族声乐民间技艺和文化的同时，希望能唤醒更多的人加入这一行列里来。

最后，在王音旋心目当中，开展关于声乐教材编写的思考，其中最为重要的一个目的是希望通过这种方式去弘扬我国优秀的民族文化，而这种积极的思考和探索，从其根本性质来看，无疑具有积极的现实意义和深远的历史意义。带着这样一种执着和坚定，王音旋一直把自己的工作岗位看得十分重要，她认为作为一名从事民族声乐艺术教育的工作者，唯有把所有的时间和精力，都毫无保留地、无私地投入到自己所热爱和执着的事业中去，才能实现自己的价值。多年来，她带着这样一种心愿和执着，不仅为世人留下了一首首难忘的经典旋律，更通过自己的心血和汗水，为我国的民族声乐事业教育培养出了一大批富有影响力的优秀歌唱家和教育家。从事艺术教育工作几十年，王音旋的日常生活紧张忙碌，即便是休息时间，也不忘思考如何让声乐艺术民族化发展的道路更长久。显而易见的是，在开展声乐教材编写的过程中，王音旋也在积极探索着民族声乐艺术在发展道路中的多元化。可以说，民族唱法的真正内涵，就是要走出模仿的误区，从思想观念上去彻底纠正错误的看法和认知，并对此开展有针对性的研究和延伸，才能进一步促使我国的民族声乐艺术发展形成百花齐放的局面。几十年来，王音旋老师一直致力于对民族声乐艺术的继承和弘扬，不仅发表了《关于民族声乐教学的几点体会》《在民族声乐教学中运用"咽音"解决学生的难点》等多篇学术性研究论文，编纂了《民族声乐教材》，还于晚年整理出版了《金西创作歌曲集》，为后人留下了宝贵的财富。

（摘自山东师范大学 2016 年硕士学位论文
《山东歌唱家、教育家王音旋贡献之研究》，略有修改）

创作与表演研究

作曲家金西创作歌曲之艺术特色

——兼谈如何运用民歌素材创作歌曲

李云涛*

引 言

2000 年 8 月，我接受了山东省委宣传部、山东省文化厅组织的"迎接新世纪——齐鲁风大型歌舞晚会《谁不说俺家乡好》"的音乐创作任务。晚会内容由"圣地古韵""乡情悠悠""齐鲁春潮"三个部分组成。我分担的任务较重，几个部分中均有我或创作或编曲的作品。其中第二部分"乡情悠悠"由山东民歌以及优秀创作歌曲（必须是山东风格）以联唱的方式组成。当时在确定山东风格优秀创作歌曲时，由于策划组诸多成员观点不同、视角不同，迟迟没有定稿。但最终确立的标准是：经典、具有代表性。几位策划组的成员在认真讨论筛选后，确立了以下六首歌曲：《我的家乡沂蒙山》《微山湖荡起采莲船》《弹起我心爱的土琵琶》《天上北斗亮晶晶》《我唱家乡美景多》《山东，我亲爱的家乡》，由我负责组合、编配。

---

* 李云涛，男，山东艺术学院音乐学院院长，二级教授，博士研究生导师。发表作品 500 余部（首），获中宣部"五个一工程"奖、文化部"文华奖"、中国音协"金钟奖"等国家级奖励的作品 30 余（部）首，获山东省"泰山文艺奖"、省委宣传部"精品工程奖"等省级奖励的作品 60 余（部）首。

当我拿到这些作品的原稿时，发现这六首作品中竟然有四首出自作曲家金西一人之手。我想这个现象绝不是偶然的，它充分体现了金西老师深厚的民族民间音乐功底，全面扎实的音乐技能以及广博的文化素养。

2007 年 7 月，我收到王音旋老师馈赠的《金西创作歌曲集》和《名家演唱金西创作歌曲集》的 CD 唱片，这为我进一步学习和研究作曲家金西老师的作品，提供了更加丰富和翔实的资料。应当说，作曲家金西的艺术实践和成就，在当代山东音乐发展的历史进程中，占有十分独特而又重要的地位。他的音乐作品扎根于山东民间音乐，既有鲜明的民族风格又有较强的时代气息。而其创作的成功，在很大程度上得益于他对民族音乐风格的天然感悟能力，天才的音乐创造能力，以及一生对音乐创作的不懈追求，用自己多年的音乐积淀化作独具地域特色的音乐语言来进行音乐创作的功力，其作品以独特的风格和鲜明的特色深受广大群众的喜爱。而就是这样一位成就显著的作曲家，至今并未受到学者的关注。因此，在大力弘扬齐鲁文化，建设文化大省的今天，对他及其声乐作品进行深入的研究，进一步说明运用民族民间音乐进行创作的重要性就具有较高的价值和意义。

鉴于此，本文拟以作曲家金西创作的部分声乐作品为例进行技术分析，并就如何运用民歌素材进行歌曲创作这个问题谈一点个人之浅见。

民歌是一种世世代代由广大人民群众创作，具有鲜明民族风格和浓郁地方特色的音乐文化。民歌的曲调丰富多样，朴实优美，富有浓厚的生活气息，它植根于民间，生存于民间，在长期不断的流传中，经过人们长期的推敲、加工，使其不断地从艺术上得到锤炼。因此，古今中外，凡有成就的作曲家，如中国作曲家冼星海、马可、施光南，俄罗斯作曲家格林卡、柴科夫斯基，匈牙利作曲家巴托克、柯达伊等，都非常重视对民间音乐的学习和研究。

中华民族的民间音乐极为丰富，仅以民歌而言，多种地方风格的汉族民歌，多姿多彩的少数民族歌曲，即是一个浩如烟海的音乐宝库。民歌是民间音乐的重要组成部分，有着相对的稳定性和传承性。它是经过广大人民群众审美习惯的塑造与长期检验，所形成的具有高度艺术价值和审美价值的音乐文化。民歌的音乐语言来自人民群众，有着坚实的生活基础和浓郁的乡土气息，如人的日常口头语言一样，具有广泛的表达思想情感的能力和易解力。从另一方面看，民歌具有简易通俗、便于传唱等特点。

民歌为作曲家创作各种不同形式的音乐作品提供了最好、最丰富的素材，它所独具的旋法、曲式、调式以及语言都是我们音乐创作中不可忽视的。因此，在我国近现代音乐创作的领域中，作曲家从民歌中挖掘音乐素材进行创作也最为普遍。那些卓有建树而能形成自己风格的作曲家，之所以作品能够得到广大群众的接受和广泛流传，往往是与他们熟悉了解民间音乐和学习民间音乐分不开的。

山东民歌丰富多彩，不同题材、不同体裁、不同形式和不同风格的民歌在全省各地广为流传。作曲家金西一生极其重视民歌对音乐创作的重要作用，他和苗晶等民族音乐学家编著的《山东民间歌曲论述》对山东民歌的挖掘与整理做出了突出的贡献，他创作的歌曲其素材也主要来自山东民歌。

作曲家以民歌为素材进行歌曲创作，其选材的角度不同，改造、发展的手法也不尽相同。笔者认为可大体列为以下四种形态：

一、将原始民歌稍加改动，重新填词

这种形式严格地说只是将原始民歌进行了一般的加工润色，基本上不添加新的成分，属整理范围。但也不能否认，整理工作也是一种创造性的劳动，或者说，整理工作也具有一定的创造性。

作曲家金西曾积极参与了《山东民间歌曲选》和全国艺术学科国家重

点研究项目《中国民间歌曲集成·山东卷》的编辑和整理等工作。但因本文分析他的部分作品均为编曲或作曲部分，他在民歌整理方面的贡献也另有他文研究，故这里不再赘述。

二、利用民歌进行改编的作品

这类作品对民歌必须有较大幅度的或"伤筋动骨"的改变，通过改编，使原民歌发生了质的变化，艺术质量有明显的提高。

在王音旋编著的《金西创作歌曲集》中，共收录了他四十九部作品，其中署名金西编曲的仅有《唱起山歌乐悠悠》（与魏占河合作）、《挑花边》（素材取自德州民歌《放风筝》）、《丰收的喜讯传四方》（素材取自广饶民歌《寡妇五更》）、《庆丰收 唱新歌》（素材取自淄博民歌《拐磨子》）四首。

在四首编曲性质的作品中，流传较广的应属《唱起山歌乐悠悠》，该作品素材主要来自山东平阴民歌《唱灯》。《唱灯》是一首在山东民歌中较少见的角调式民歌，由四个乐句加一个三小节的拖腔组成。第一、三乐句起音，是主音上方小三度的 sol，第二、四乐句分别是主音下方五度的 la 和主音 mi，乐句的落音，第一、二、三句都是下方大三度 do 音，我们从它的起音、落音以及旋律的进行可以看出来，do、sol 的位置十分重要。sol 虽然时值较短，但出现的次数较多，并多在强拍显要的位置。这种以 sol、do 为骨干音的角调式，也具有一定的宫调式特征。

《唱起山歌乐悠悠》为带引子的 ABCA 四段体曲式结构，其中 A 部分与原始民歌几近相同，我想这也是二位作者将其称为编曲作品的主要原因了。

谱例1：《唱灯》

唱 灯

山东平阴民歌

敲起(那) 鼓来 打 起 锣， 敲 起(那)

锣 鼓 唱起丰收歌。 你唱那 歌来

我 跳 舞 大 伙的 心 里 乐 呵

呵。 (哎)·····················

谱例2：《唱起山歌乐悠悠》

唱起山歌乐悠悠

A段
中速 赞颂地

陈 倩词
金西、占河编曲

沂 河的那水呀 那个潺 潺地流， 高 高的

蒙 山 绿 油 油。 弹 起那个柳琴

我 放 声 地 唱 啊， 唱 起 山 歌

乐 悠 悠， 乐 呀 么 乐 悠 悠。

B段虽仍然借鉴了其他山东民歌的一些素材，但应该看到的是，作者在音乐上还是做了许多创造性的处理的，例如此段虽为徵调式，但却在多处强调了"角"音与"羽"音，并加强了结构的对称性。C段是全曲展开性的高潮段落，在演唱上使用了花腔的手法，新材料居多，旋法基本脱离了典型的山东民歌特点，很有新意。由于所编歌曲歌词的情绪、内容与原始民歌较为相近，所以新的内容与民歌音调的结合是顺畅、贴切而吻合的。

三、在原始民歌基础上做较大的变化处理，将民间音调"融化"到自己的作品里

第一，以情绪、风格、题材等与所创作歌曲相接近的民歌为素材，取其民歌中有代表性和特色的一个或几个乐句（有时可能仅是一个乐节或乐汇），自然融入其创作的音乐当中，衔接自然而不留痕迹。

作曲家金西创作的歌曲，一部分即属于这种类型。如歌曲《清蓝蓝的河》，即取材于山东益都（今青州市）民歌《卖扁食》。原始民歌为四句体方整性乐段，七声宫调式，但清角音只在第二句出现了一次（山东民歌以带变宫音的六声徵调式居多，清角音较少出现），很有个性。金西正是抓住了这有个性的两小节，自然地融入到自己的作品中。《清蓝蓝的河》这

首歌曲，旋律流畅，清新脱俗，是金西早期创作的成功作品之一。

谱例 3：《卖扁食》片段

谱例 4：《清蓝蓝的河》片段

我国作曲家以这种手法创作的歌曲很多，如《谁不说俺家乡好》（吕其明、杨庶正、肖培珩词曲），即取材于山东胶州民歌《赶集》。

第二，创作歌曲与原始民歌的风格虽然一致，但情绪有较大差别。通过改变旋律中某些音的旋法以及节奏、节拍、速度的变化等手段，使创作歌曲比原始民歌在音乐表现力上有大幅度的提高。

金西以这种手法创作的歌曲也很多。如大家较熟悉的《微山湖采菱歌》（1984），它取材于山东青岛民歌《梁山伯与祝英台》。歌词描写了祝英台思念梁山伯，同窗三载而不能相见的怨恨情绪，原始民歌为四句体乐段带补充，徵调式。而《微山湖采菱歌》描写的是一群年轻的姑娘在湖上摇船采菱的喜悦场面，歌曲的曲式结构为带散板引子的单二部曲式，宫调式。A 段的材料主要来源于原始民歌，由于速度的变化，加上 B 段巧妙的发展，使全曲在风格上有了较大的改变，将活泼喜悦的劳动场面表现得栩栩如生。

谱例5:《梁山伯与祝英台》

梁山伯与祝英台

山东青岛民歌

谱例6:《微山湖采菱歌》

微山湖采菱歌（片段）

风光啊 格 外 美, 姑娘们 相伴
采 菱 来呀啊, 船儿 穿梭在碧波内 碧 波 内。

　　我国的作曲家以这种手法创作的作品再如：歌剧《白毛女》中喜儿的唱段《北风吹》（贺敬之词，马可、张鲁曲），这是一首优美、抒情、略带天真的三拍子的歌曲，但它却取材于情绪悲伤的河北民歌《小白菜》。同样以《小白菜》为素材的创作歌曲还有《山不转水转》（张藜词，刘青曲）等。

　　以上两类歌曲的创作手法，多是直接取自一两首民歌片段来进行发展，这就要求作者对原民歌曲调的内涵及可塑性有较强的把握和判断能力，素材抓得准，用得好，才能恰当地解决新与旧、内容与形式的对立统一关系。这种方法在原有的音乐思维中，虽然增加了新的因素，但仍没大的变形。

四、从民歌音调的情感和调式、语汇、节奏等方面的特点出发，经过自己的消化，创造性地谱写出新颖的、符合主题性格的旋律，从而赋予民族民间音乐风格以新的、具有时代性的气质

　　这种手法要求必须做到从民歌中抽象出真正具有民族传统文化的"韵味""格调"和"气质"来，如果没有对民间音乐的深切体验和感悟是难以做到的。金西以这种手法创作的歌曲，最典型的当数《我的家乡沂蒙

山》（1964）和《请到沂蒙看金秋》（1983）。

谱例7:《我的家乡沂蒙山》

谱例 8:《请到沂蒙看金秋》

请到沂蒙看金秋

孙洪威词
金　西曲

中速　亲切、优美地

请 到 俺 那 沂 蒙 啊 看 金 秋， 蒙 山 沂 河

铺 锦 绣， 牛 羊 肥 又 壮 啊，

花 果 压 枝 头 啊， 沂 河 两 岸 稻 浪 翻 哪， 绿 水 那 个

荡 漾 金 波 流 啊。 哎

得 儿 咿 呀 得 儿 咿 呀 得 儿 那 哈 哎 咳 咿 呀，

山 区 的 秋 天 多 么 美 呀， 就 像 那 一 幅 画， 让 人 看 不

够 啊， 看 不 够 啊 哎 咳 咿 呀。

这是他的两首代表作，自问世以来，已成为许多歌唱家的保留曲目。在这两首歌曲中，几乎囊括了山东民歌风格的所有元素，如大二度、小三度构成的"级进音型"，大小六度、小七度的"跳进音型"，小六度及小七度的"下滑音型"，具有典型山东地方特色的衬词衬句等。通过其技术分析，笔者发现其独特之处还在于：

1. 金西在这两首歌曲中均运用了同宫系统宫调式与徵调式自然交替的方法。这种方法自然流畅，不露痕迹，通过运用调式的转换，扩展乐思，增强了音乐发展的动力。

2. 从两首歌的歌词结构来看，一般的处理极易写成方整性的乐段，但金西常常在乐段的结尾处，用内部扩充的方法，打破方整性结构。这种结构虽然不很典型，但很有特色。

3. 如同歌曲《清蓝蓝的河》一样，在歌曲《请到沂蒙看金秋》中，作者同样巧妙地使用了清角音（见谱例 8 第 14 小节和第 27 小节）。这种新的乐汇突出而又巧妙地运用，包含着富有动力感和逻辑性的节奏因素，似蜻蜓点水一带而过，恰到好处，令人印象深刻。

4. 为了既不影响旋律的优美流畅，又突出地方特色，金西常常抓住地方方言的特点，通过巧妙地使用装饰音等手法来达到这一目的（如谱例 7 第 4、7、10 小节和第 12 小节的"山、端、尽、年"字）。

由于以上因素，使歌曲《我的家乡沂蒙山》和《请到沂蒙看金秋》既有亲切、优美之情，又有明快、爽朗之韵。

金西以此种手法创作的歌曲还有《微山湖荡起采莲船》（1980 年专为彭丽媛参赛而创作），《山东，我亲爱的家乡》《我到沂蒙来拜年》（均由葛军首唱）等。这些歌曲都没有受到地域的限制，更不是直接脱胎于某首民歌，但它又无处不渗透着浓郁的山东民间风格特色和清新的现代气息。

综观金西创作的声乐作品，笔者总结有以下主要特点：

1. 优美的旋律。旋律，是音乐的灵魂。一首音乐作品，特别是声乐作品，旋律是否优美动听，往往直接影响到作品的生命力。金西创作的声乐作品从流传的广度和群众喜爱的程度足以说明这一点，这在很大程度上得益于他对民族音乐风格的天然感悟能力，用自己多年的音乐积淀化作独具地域特色的音乐语言来进行音乐创作的功力。

2. 浓郁的地方特色。对山东和山东人民的热爱与熟悉，是金西从事创作的又一块基石。金西创作的歌曲大部分是山东题材，尤其以沂蒙山题材居多。在他创作的一百多首歌曲作品中，表现沂蒙山题材的就有十几首，且绝大部分是成功之作，这也构成了他歌曲创作上的一大特色。打造"山东品牌"是金西一生的愿望，而这个愿望也始终贯穿在他的歌曲创作之中。随着创作实践和创作修养的逐渐成熟，作品中的"山东味儿"也越来越鲜明、越浓郁，也越来越显示出其特有的气质和个性。"山东味儿"似乎成了金西独特的创作风格，也成了他歌曲创作走向成熟的重要标志。而其基本特征就是：既继承和发扬了山东民歌所固有的憨直淳朴、刚健豪爽的品格，又吸收强化了秀丽柔美的抒情色彩，同时赋予了清新活泼的时代气息。

3. 鲜明的音乐形象。在金西创作的大量歌曲中，虽以山东题材居多，但作品的音乐形象并没有使人有单一的感觉，这主要得益于每首作品都有着鲜明的音乐形象。为了充分表达细腻的感情，他不放过任何一个细节，在他的作品中，其速度、力度、表情记号，甚至乐句的顿挫、断连等变化，都清晰标记，一丝不苟，为充分塑造音乐形象起到了非常重要的作用。

4. 大胆创新。山东民歌中的衬词衬句非常丰富，对于形成民歌的风格特点起着重要作用，金西的作品中虽也使用这些常见的衬词衬句，但都有所变化。另外，拖腔是旋律进一步发展的一种手法，它延长了旋律的时值，打破了乐句间的对称和整个民歌结构的方整性，对于表现内心活动和细腻的情感有着特殊的音乐效果，金西在创作歌曲时也常常吸收运用这一手法。在山东民歌风格的创作歌曲中，为了在风格及表演上突出新意，金西一直遵循形式服务于内容这一原则。他可以说是第一个，并不止一次地在汉民族风格的歌曲中使用了花腔的写作手法，他创作的歌曲大段运用花腔的作品有《高山上的百灵鸟》《微山湖荡起采莲船》等。

乐坛伉俪　桃李满园

——记王音旋、金西的乐教人生

20世纪80年代，山东民歌曾在全国产生深远的影响，这得益于一对乐坛伉俪，他们就是王音旋和金西。二人是老一辈艺术家中的优秀代表，是德艺双馨的艺术家。一位曾任山东省音乐家协会副主席，一位曾任山东省文联副主席；一位潜心教学、研究歌唱，一位潜心创作、指挥排练。两人一生相互扶持，配合默契。不图名利，桃李满园，在山东艺术界起到了表率和榜样作用，受人敬仰，传为佳话。

一、相同的经历为事业和生活打下坚实的感情基础

王音旋是歌唱家、声乐教育家，山东艺术学院声乐教授，硕士研究生

---

* 王世慧，女，山东艺术学院音乐学院教授、硕士研究生导师。山东省音乐家协会原副主席，山东省文联委员，中国歌唱家协会副主席，中国民族声乐研究会理事。全省高校"巾帼建功标兵"，山东省"德艺双馨"中青年艺术家，全国优秀教师，享受国务院特殊津贴，山东民歌学科带头人。董莉，女，山东艺术学院城市艺术与创意学院党总支副书记，2004年跟随王音旋老师和王世慧老师攻读声乐硕士研究生，2007年留校工作。主持、参与山东省文化厅、山东省社科联、济南哲学规划办公室、山东艺术学院等多项研究课题。

导师。曾任山东艺术学院音乐系声乐教研室主任、音乐系副主任、中国音乐家协会会员、山东省音乐家协会副主席、全国民族声乐学会理事、中国咽音学会理事。她1948年加入中国人民解放军，进入渤海军区文工团从事文艺工作。在部队中的十年，她不仅学会了打腰鼓、拉二胡，还学习了唱歌、跳舞，是一位文艺多面手。她常常为官兵们演唱，淮海战役期间还到战场上慰问演出。她说："我看到了中国人民的伟大，我要扎根人民，唱出人民的心声。"

王音旋的爱人金西是著名的作曲家，音乐教育家。他于1949年2月入伍，加入中国人民解放军鲁中南军区文工团，同年调至济南军区前卫文工团，在管弦乐队担任首席小提琴演奏员。1956年开始从事音乐创作。十年的军旅生涯，为以后的音乐创作打下了坚实的基础。1958年8月，金西从部队转业到山东省艺术馆，先后任艺术馆音乐科科长、副馆长、山东省文联党组成员驻会副主席、中国音乐家协会理事、山东省音乐家协会常务理事、省群文协会理事。

共同的志向和道路让他们走到一起，他们几乎同时参军，同时转业。二人有共同的信念，配合默契。"我一辈子都很幸福"，王音旋抚摸着先生的照片，陷入对往事的回忆："那时他是济南军区前卫文工团管弦乐队首席小提琴师，很优秀。我虽个子不高，皮肤黝黑，但他喜欢我，一辈子都很疼我、照顾我。"说起金西，王音旋满脸幸福。他们心灵相通，历经岁月的洗礼和沉淀，历久弥坚。

二、扎根山东民间的音乐创作和演唱

金西老师长期从事山东民间音乐的搜集研究工作。在这一过程中，他和当地群众同吃、同住、同劳动，与民歌手交朋友，不仅深入了解了山东民歌和山东民歌艺人，还对山东民歌的文化背景和内涵有了更透彻的理解。他从山东民间音乐中汲取丰富的创作素材和灵感，创作并发表歌曲一百多首。2000 年，山东艺术学院音乐学院院长李云涛教授接受山东省"迎接新世纪——齐鲁风大型歌舞晚会《谁不说俺家乡好》"音乐创作任务时，在确定六首山东风格优秀创作歌曲后发现，竟然有四首出自金西之手，充分体现了金西有着深厚的民间音乐功底。李云涛感叹："金西的艺术实践和成就，在当代山东音乐发展的历史进程中，占有十分独特而又重要的地位。他的音乐作品扎根于山东民间音乐，既有鲜明的民族风格又有较强的时代气息！"

王音旋演唱的创作歌曲大多是由金西创作。王音旋多为首唱，其中山东题材的居多。她的演唱既有山东风味，又具有时代风采。在山东民歌演唱的传承发展和坚定民族声乐走山东风格的方向上，王音旋有着引领的作用。她的演唱记录了一个时代，是山东民族声乐发展的一个里程碑。

山东人民勤劳、纯朴、耿直的秉性是两位老师创作和演唱的力量源泉。他们走村访寨，搜集、整理了大量民间音乐作品，为讴歌勤劳质朴的山东人民，赞美山美水美的齐鲁大地做出了卓绝的贡献。

三、教学中严格要求，精益求精

1964 年，土音旋调动至山东艺术专科学校（现山东艺术学院），从事声乐教学工作，多年的舞台实践经验，使王音旋总结出一套行之有效的民族声乐教学方法。她对教学极为严谨，每一首作品都亲自示范。教学中，她先让学生充分了解歌曲的创作背景和作曲家的创作意图，然后带着情感表达声音，唱出歌曲的内涵。在教唱山东民歌时，注重拖腔、甩腔、舌尖颤音等润腔技巧的训练，同时，注重咽音的运用，其声乐教学带有浓郁的地域色彩，取得了丰硕的教学成果。王音旋说："我愿意把经验教给学生，看到学生们取得成绩，作为教师，我很自豪。"

1977 年，王音旋第一次给彭丽媛上课，根据彭丽媛的条件制定了严格的训练计划。一是以优秀的山东民歌和具有山东风格的创作歌曲为主，兼顾其他声乐作品；二是进行山东民歌技法的训练，如甩腔、拖腔、舌尖颤音、波音、滑音、顿音等，督促她掌握山东及其他地区作品的民族风格，积累了一套有特色的保留曲目，为以后声乐事业的发展奠定了坚实的基础。

1979 年，王音旋和金西带领彭丽媛参加在淄博举办的山东省民族民间唱法会演。彭丽媛第一个出场，一曲过后，观众掌声雷动，多次谢幕不能下场。有观众说："彭丽媛才真正地唱出了我们淄博的《赶牛山》。"1980 年，全国民族民间唱法比赛前，金西带队，王音旋指导，给彭丽媛演唱的《小二姐做媳妇》配了一段胶州秧歌舞蹈动作，彭丽媛刻苦练习，脚脖子肿了也顾不上休息，最终掌握了这段优美的舞蹈。在指导《清蓝蓝的河》时，王音旋让彭丽媛用十天左右练会舌尖颤音的技巧，彭丽媛就像着了迷，上百次上千次地练习"打嘟噜"，连走路都不忘，最终高质量地练成。演出后，引起了很大的反响，报社、电视台纷纷向全国介绍，唱片社灌制唱片。会演座谈会上，很多专家称赞彭丽媛的演唱充满激情，充满青春的活力，充满民族的自豪感。"大家欣喜地看到民族唱法，前途光明，后继有人。"(《北京音乐报》)随后，彭丽媛跟随中国民族乐团到北欧六国访问演出。《南方日报》评论说，"她的歌声清脆甜美，吐字清晰，运腔自如；加上山东民歌特有的唱法，再加上恰到好处的身段、手势、眼神的运用，真是清溜巧俏，珠落玉盘"，称彭丽媛为"山谷幽兰"。

金西作为群众文化工作者，也为山东省群众文化领域培养了一大批创作骨干，山东省文化厅副厅长张桂林就是金西的学生。谈起自己的老师，张桂林充满敬意地说："(金西)做人做事，认真、较劲。金西多次到电视台去录像录音，他的不少作品是我们乐团演奏的，那时不像现在是分轨录音，（那时）都是一次性合成，金西对待作品极为苛刻认真，录了一遍又一遍，连录音师都觉得不能再好了，金西还是觉得不行，需要再录。"山东艺术学院声乐教授王世慧说："金西老师对音乐要求特别严格，王老师严谨细致的作风是受到金老师的影响。金西老师平时很文雅，但排练的时候一瞪眼大家都害怕。录音的时候，王老师达不到要求的时候，金老师会当着众人不留情面地批评。"

王音旋和金西老师一生非常低调，极少接受媒体采访，在网络发达的今天，想找到她的资料并不容易。二人一生清贫，两袖清风，2000年，金西老师去世后，不搞追悼会和遗体告别，将骨灰撒到了大海之后才通知了单位、朋友和学生们。2007年6月，由王音旋编著的《金西创作歌曲集》出版，里面收藏了金西老师一生创作的歌曲，王音旋在序言中写道："他是一个坦坦荡荡、襟怀坦白、朴实诚恳的人……"时隔十三年，王音旋老师也走了，与她一生崇敬并奉为良师益友的爱人团聚了。

王音旋和金西这对乐坛伉俪，把毕生精力都奉献给了热爱的音乐事业和学生。二人在民间音乐风格的音乐创作和民族声乐教学方面非常具有代表性；在做人、做事和做学问方面，留下了宝贵的精神财富。他们虽然走了，但将丰硕的成果留给了后人。

金西的音乐创作研究

陈萧芸 *

在山东这片土地上，金西用了四十余年的时光进行民歌创作。山东的风土人情、一草一木皆是他的创作源泉，山东人的热情爽朗、文化内涵也是他的创作动力。他用瘦弱的身体与崇高的精神思想创作了一首首优秀的歌曲，用音乐的旋律描绘了一幅幅山东地区自然风光的画卷。而他的广博修养和对艺术所具有的独立思考精神则是对其艺术生涯最朴实无华的真实反映。

一、金西的创作生涯

金西，1935 年 9 月出生于江苏省宝应县。1949 年 2 月加入中国人民解放军鲁中南军区文工团；同年 4 月调至济南军区前卫文工团管弦乐队，先负责弹奏曼多林，后担任小提琴首席多年。

1955 年 7 月经第一届全国人大二次会议审议通过了"第一个五年计划"。1956 年，团里响应国家号召，鼓励文艺工作者为实现新的历史任务而奋斗，用社会主义、现实主义创作方法创造新英雄形象。金西在此期间

* 　陈萧芸，女，山东艺术学院音乐学院 2015 级齐鲁音乐文化方向硕士研究生。

创作了自己的第一首作品《五年计划放光芒》，被刊登在《大众日报》和《山东歌声》。这为他的创作带来了极大的鼓励，怀揣这种激动的心情，他将这首歌曲由二部合唱改为四部合唱并配以管弦伴奏，取得了很好的效果。团里对金西的创作才能极为重视，为了进一步提升他的创作水平，便派他去上海音乐学院进修理论、作曲、配器等系统的学科内容。金西的军旅生活为他的后期创作做好了铺垫，而多年的音乐学习也为他今后的艺术生涯打下了坚实的基础。

1958 年，由于身体的原因，金西从部队转业至山东省艺术馆，曾任艺术馆音乐科科长，1984 年任副馆长。1979 年，金西与徐贵岩、李钰两位作曲家共同创作的大型民族管弦乐组曲《泰山颂》获得了省歌舞会演优秀奖。1981 年由中央民族乐团演奏、日本制作、香港唱片有限公司出版了立体声唱片、盒带，在国内外发行。1982 年由著名指挥家秦鹏章指挥，在香港荃湾大会堂举行隆重公演，中央台及许多省电台进行播放，在山东省第四次文代会上被评为新中国成立以来的优秀作品，并编入了《名曲欣赏》一书。

1987 年他被评为研究馆员。1988 年当选为山东省文联党组成员驻会副主席，先后当选中国音乐家协会理事、山东省音乐家协会常务理事、山东省群文协会理事；同年 12 月被选拔为第一批山东省专业技术拔尖人才。

金西是一位多产的作曲家，他一生创作了大量的山东民歌风格的作品，其中《我的家乡沂蒙山》曾作为 1992 年中央文化部组织的全国青年歌手大奖赛的必唱曲目。另有《清蓝蓝的河》《请到沂蒙看金秋》《唱起山歌乐悠悠》《沂蒙山上果树多》《我到沂蒙来拜年》等一批歌曲广为流传。有些作品被王音旋、王昆、才旦卓玛、张树楠、葛军等著名歌唱家作为保留曲目。有多首歌曲在省级以上音乐作品评选中获奖，有些歌曲选入声乐教材。

二、金西的创作灵感来源

金西的作品大多唯美动听，具有独特的魅力。金西的创作灵感大抵源自对山东土地的深沉热爱。这片土地上的精神风气、文化内涵、山川草木皆是他的创作灵感来源。自入伍以来，他便深知文艺工作者的重要性，无论是作为小提琴首席的演出工作还是后续的音乐创作工作，这一切的情感迸发都是出于对祖国的眷恋、对人民的喜爱、对方言的深入研究和对第二故乡的深情。

金西用了五十多年的时光踏遍了山东大地，他的作品是他毕生思想和艺术的结晶。金西曾说："一个人要从事创作，就应该有他的根，有他自己熟悉的环境，我所写过的地方我都去过。对我来讲，山东的山水草木、风土人情便是我从事创作的肥沃土壤，就是我的根。"艺术源于生活，他始终坚信这一点，多年的部队生活也为他积累了大量的生活经验。例如他在创作《泰山颂》时，便在泰山脚下住了两个多月。正如董其昌言："每朝起，看云气变幻……山行时见奇树，须四面取之……看得熟，自然传神。传神者必以形。"大概是对自然山水变化的细致观察与把握，才让金西迸发出无穷尽的创作灵感。《泰山颂》那流淌壮丽的旋律，不仅是对泰山潺潺流水、林间飞鸟、云雾缭绕的刻画，更是金西借泰山所抒发的对我国悠久历史文化的热爱，描绘了中华儿女的豪情壮志和中华民族的遒劲形象，展现了我国传统音乐文化的民族气概。

对于微山湖的美，他谱写了《微山湖荡起采莲船》。歌中写道："金色的朝霞／映蓝天咪哎嗨咿／微山湖荡起来采莲船咪哎嗨咿／莲蓬绿来荷花鲜……"这首歌曲由彭丽媛演唱，在作曲的过程中金西对微山湖当地进行实地考察，音乐旋律优美动听，也运用了当地民歌"一唱三叹"的特点，词与曲的结合唯美无间。

金西对山东民歌的把握不仅体现在感情、语言、音调上，在特性音程上也彰显得淋漓尽致。例如小三度加大二度音程的迂回级进、六度与七度音程的跳进、旋律中的下滑音型等，都是典型的山东风格。金西对于民歌的地域风格把握精到，像《清蓝蓝的河》第一句中的"清蓝蓝的河（呀）曲曲又弯弯"，第二个"弯"字上的小三度装饰音，细小入微，却充满了浓郁的山东地方风味，可谓点睛之处。

《我的家乡沂蒙山》是金西的代表作。这首歌曲的创作充分展示出了他对山东地区的情感。这种情感并非来自对山东地方语言与风俗文化的简单而刻意的模仿，而是发自内心的热忱与畅想。金西多年来一直从事民间歌曲的搜集与整理工作，这为他的创作事业打下了坚实的基础。据山东省文化厅副厅长张桂林回忆："金西这个人非常瘦小，他自己身体不好。平常的时候八九十斤，最瘦的时候能到七十斤。你想，他这么瘦弱的身躯还要在当时背着二十斤重的老式录音机去各个地方采风，他是怎么撑下来的？靠的全是对音乐的执着。"

由于常年奔走于田间山头，金西掌握了丰富的山东地方民歌语汇，加之他在部队期间受过的专业训练和与生俱来的创作才能，让他在山东歌曲的创作方面有着更加独特的造诣。细品这首歌曲，并未直接感受到与山东地方民歌的关联，但在欣赏之中，却又无一处不散发着浓浓的山东韵味。为了能够让自己对山东的地方文化有着更加深刻的理解与把握，他与村里老百姓同吃、同住、同劳作，从日夜的谈话交流中了解当地人的生活习惯和语言方式。在搜集与整理民间歌谣的过程中，金西不仅需要了解民歌的来源、意图，还要对歌者进行采访，从各方面都进行翔实的资料收集。如此，他的作品真正体现出了劳动人民的思想和精神，也更加符合人民的需求和人民的喜好。由此可见，金西是真正地把山东的音韵美融入了创作当中，是骨子里、灵魂中的对山东音乐的创作热情，是勤劳的人民、丰厚的文化底蕴和延绵不断的青山绿水带给了他无尽的灵感源泉。

除民歌风格作品之外，金西另有合唱作品如《高唱凯歌迎春天》《我们是布谷鸟》《海岛好》《丰收的喜讯传四方》《学习解放军》等，这一系列歌曲生动反映了时代的特征；儿童类歌曲如《春天来了》《爸爸下田我送茶》《给小树穿件新棉袄》《石榴树开红花》《歌唱快乐的节日》等，这些作品旋律纯粹、天真，符合儿童的认知特点，真切地表达出儿童成长的心理活动，反映出了儿童的欢乐、单纯、真挚的情感。

三、对艺术的执着追求

金西对作品的严谨程度可以用"苛刻"二字来形容。在创作方面，金西之所以能够写出美妙的歌曲，除了大量采风外，最重要的就是他十分注意提升自己的艺术素养和思想文化修养，对于艺术的审美有着独立的思考和标准。他的作品充满了"妙趣"与"灵性"，短小的歌曲，细品起来却回味无穷，展现了作曲家的巧思。即便多年之后，再次聆听金西的歌曲，仍能感受到他瘦小的身躯，穿梭于街头巷尾时的斟酌思量，感受到他身躬田野、山涧、湖畔时对旖旎风光的触悟和感慨。

在创作的过程中，金西极为认真，构思某个地方的民间歌曲，就一定会先去当地进行采风，大量地收集资料，绝对不会凭着经验或印象仓促完成。他格外注重每一个字的发音与旋律的融合，注意地方的风格特点，对何时甩腔，何时唱、何时叹、何时念白，何时拖腔等都有严格的考究。即便的歌词并非出自他手，金西也会反复琢磨，细细雕琢，确保每一个音符都能与歌词完美契合。除此之外，在调式调性的应用上，金西也注重采用山东本土的特性音调，因此他创作的每一首歌曲都是十分具有代表性的优秀作品。

在歌曲录制的过程中，金西也极力追求完美。据山东省文化厅副厅长张桂林回忆，金西在录制作品时态度极其认真，即使是连录音师都认为非常完美的作品，对于金西而言还是不够好。那时的录音设备不像现在这样完善，无法分段补录，只能一次次把乐曲从头至尾进行完整录制。即便如此，金西也会不厌其烦地注意每一个细节的把握，每一个音的演绎，不断地对作品进行打磨，自我要求极为苛刻，在录制的过程中不断调整录音状态，最终呈现出完美的作品。

生活当中的金西乐观、幽默，但在专业上的态度却非常严格，无论是对自己还是对任何一位艺术家，哪怕是自己的妻子王音旋，他也不会将个人情感凌驾于对艺术的执着追求之上。记得有一次金西请王音旋试唱《我的家乡沂蒙山》，在试唱的过程中，一旦金西有不满意的地方就会不留情面地提出，而王音旋一句反驳的话都没有，只是一次次地尝试更改唱法，直到金西满意为止。也正是由于金西的严苛要求，使得王音旋在山东民歌的唱法上游刃有余、恰到好处。山东的方言口音较重，如果全是方言，就会缺乏艺术的提炼；如果全是普通话，就会显得味道不足。而王音旋在演唱的过程中对语言的把握十分到位，并且在嗓音的控制上能够做到声音豪放，也不失细腻甜美。

金西不会放过创作与演绎中的任何一个细节，作品的速度、力度、表情记号，甚至是乐句中的顿挫、断连等变化都标记得非常清楚。因此王音旋在拿到一首作品的时候，首先要根据谱面吃透歌词，把歌词的抑扬顿挫、感情等都表现出来再试唱旋律。唱的时候也会注意面部表情的控制，即作品的意图与背景是喜是愁，都要仔细琢磨，以求契合。每一个停顿处的呼吸应该如何处理，是否要加上面部表情的变化与手上的动作来烘托出作品的感情，她都会不断与金西交流研究。

金西不但对自己的作品有着执着的追求，也对民歌艺术未来的发展道路有着独到的见解。金西在艺术生涯晚期曾对学生张桂林提及，一定要创作属于山东自己的歌剧，这是他的心愿，也是他生前未能达成的遗憾。自此之后，张桂林一直将金西的话记在心中。而今，歌剧《沂蒙山》的成功，既是民族精神的巨大财富，也体现了艺术的崇高品格和审美追求。正如金西当时叮嘱的那样，身为文艺工作者一定要以身作则，用自己的方式去弘扬我们自己的民族文化。

结　语

金西的艺术成就是有目共睹的，他不仅是位多产的作曲家，更是一位对艺术有着执着追求的文艺工作者。他用毕生的精力去采风、搜集民间音乐素材，通过亲身的体验谱写出一首首优美动听的歌曲。在工作上，一丝不苟，严于律己；在生活中，幽默风趣，乐观开朗。金西将一生的创作灵感倾注于作品当中，而山东这片肥沃的土壤也同样给予了他丰富的养分，助他在创作的道路上不断前进。金西自始至终都坚持将自己的工作根植于民间，去创作具有我国民族特色的音乐作品，并鼓励、引导和带动了众多音乐家与之同行。金西始终坚持认为，艺术家只有与人民在思想上与心灵上都产生共鸣时，才能创作出具有深层意义的优秀作品，只因我们同扎根于此，民族民间音乐是我们共同的土壤。

珠联璧合

——论金西创作歌曲特色及对王音旋教学的影响

贾力娜　孙　源[*]

一、金西作品概述

金西是我国著名的作曲家、民族民间音乐学者，优秀的群众文化工作者，他的艺术成就在山东民间音乐乃至中国传统音乐领域均有一定影响。他创作的很多歌曲成为妻子王音旋及其学生彭丽媛、罗余瑛、王世慧、贾堂霞、韩光霞等人的首唱曲目，此外，丁汝燕、郭春梅、叶薇、周琦、葛军、吴侃、孔薇薇等山东民族声乐歌唱家们也曾演唱金西的作品。

金西创作的作品涉及声乐、器乐等领域，代表作品有声乐作品《我的家乡沂蒙山》《请到沂蒙看金秋》《微山湖荡起采莲船》《高山上的百灵鸟》《家乡的河母亲的河》等；大型民族管弦乐组曲《泰山颂》；戏曲剧目《海鹰》《驰马镇》等，其中声乐作品的数量最多，影响最大。本文重点对其声乐作品进行分析，以揭示其特色和影响。

* 贾力娜，女，山东艺术学院音乐学院教授，博士，民族音乐学研究方向硕士生导师，兼职博士生导师。孙源，女，山东艺术学院音乐学院 2015 级音乐学专业研究生。

二、音乐作品分析

本文从金西老师创作的歌曲内容出发，大致可分为以下四类。

（一）反映山东地域特色的声乐作品

金西的大部分作品取材于山东民间音乐。他籍贯虽为江苏，但幼时便跟随家人迁往当时尚属山东地区的徐州，后在山东沂蒙山区投身革命事业，所以，山东是金西的第二故乡，他本人也亲述："一个人要从事创作，就应该有他的根，有他自己熟悉的环境……对我来讲，山东的山水草木、风土人情便是我从事创作的肥沃土壤，就是我的根。"也就是说，"山东情"就是金西老师的创作源泉。这种经历对他的创作有直接影响，这一点，从具有鲜明山东地域特色与风土人情的作品中可以得到证实，尤其是有关沂蒙山区的歌曲《我的家乡沂蒙山》《请到沂蒙看金秋》《我到沂蒙来拜年》和《沂蒙山里果树多》体现得最为鲜明。下面以彭丽媛演唱版本的《我的家乡沂蒙山》为例，来分析金西这一创作特色。

谱例1：《我的家乡沂蒙山》

这是金西老师最早创作的展现他沂蒙情结的作品，由王音旋首唱。音乐结构为前奏（4）+A段（4+4+4+4）+B段（4+4+4+5）。每段四句，每句四小节，为"起—承—转—合"的关系。第一句中的"沂蒙"二字在普通话中都是音调上扬的二声，而在山东话中是音调下行的四声。在"蒙"字的处理上，金西采取了先小三度上行，后小七度大跳。第二句则采取了小波浪式级进上行旋律。第三句的音区较高，体现了"转"的特点。第四句的歌词中"黄梨个儿大",彭丽媛演唱时将"黄梨"之后加了儿化音,唱出来则是"黄梨儿"。B段一开始就用了"哎嗨嗨咿呦"这样的衬词,直接抒发了心中的家乡情,具有浓厚的亲切感和质朴感。

这类作品不仅具有浓郁的山东地域风格特色,也表达了强烈的情感色彩,让演唱者和听众们感同身受。金西的这类作品在山东民族民间风格创作领域留下了浓重的一笔,也为山东民族民间音乐的创新性发展做出了突出的贡献。

（二）部队歌曲与生活歌曲

金西十几岁被分配到鲁中南地区的文工团,开启了他的部队生活。所以他的部分歌曲是描写部队生活的,如《学习解放军》《民兵歌》《红花朵朵献雷锋》《光辉的太阳》《海岛好》等。下面以代表作品《学习解放军》为例进行分析。

谱例2:《学习解放军》

学习解放军
（齐　唱）

进行速度 赞颂地　　　　　　　　　　　　　　金西、石歌、延书、显荣词曲

学习解放军，　　　爱党爱人

民，　学习解放军，　一心为革命，⎰1.科　技　强　军　功　夫
　　　　　　　　　　　　　　　　⎱2.作　风　优　良　纪　律
　　　　　　　　　　　　　　　　　3.雄　心　壮　志　攀　高

硬，立场坚定方向明，人人学习解放军，
严，革命精神万年青，人人学习解放军，
峰，练出一身好本领，人人学习解放军，

建设祖国争先进，建设祖国争先
奋发图强向前进，奋发图强向前
永做革命接班人，永做革命接班

进。
进。
人。
学习解放军，永做革命人。

　　该作品为进行曲速度，以赞颂的情绪进行演唱，其音乐旋律起伏较小，节奏以附点八分音符居多，结尾处以高喊一句"学习解放军，永做革命人"结束歌曲，是典型的部队歌曲风格。前奏以 do 开头，以 do 结尾，A 段四小节一句，共四句。B 段明显休止符变多，体现了军人的干脆利落，且所有终止式和半终止式均为属音和主音，稳定的调式调性展现了军人的坚毅品格。

（三）儿童歌曲

　　金西老师创作了七首儿童歌曲，分别是《歌唱快乐的节日》《春天来了》《林边问答》《给小树穿件新棉袄》《石榴树开红花》《爸爸下田我送茶》《爷爷奶奶来我家》。这些歌曲简单活泼，以中速为主，描述了孩子们有趣的生活与游戏。

（四）山东民歌改编曲

金西老师长期在山东从事民族民间音乐的调查、整理工作，受山东民歌的影响，其歌曲创作中也不乏根据山东民歌改编的歌曲。如《唱起山歌乐悠悠》《挑花边》《丰收的喜讯传四方》《庆丰收，唱新歌》四首改编曲，它们分别改编自山东各地民歌——平阴的《唱灯》、德州的《放风筝》、广饶的《寡妇五更》和淄博的《拐磨子》。这些歌曲在保持原曲基本音乐形象的基础上，通过改变音乐结构，重新填词等创作手法加以改编，从而形成新曲。

金西的这类作品具有山东民歌的原生风格特点，不但传承了山东民族民间音乐的精神，还带有时代的印记。金西的创作突出了鲜明的音乐形象和山东地域特色，这些歌曲深受当地群众的喜爱，具有一定的影响力。

三、金西创作对王音旋教学的影响

金西与王音旋既是夫妻，也是事业上的伙伴。一个专注创作领域，一个专注演唱和教学领域。金西的很多作品都是由王音旋和其学生们首唱的，可以说，是他们共同培养了这些优秀的民族声乐歌唱家。以著名的歌唱家，王音旋的得意门生彭丽媛教授为例，1980年，还在山东艺术学院就读的她，在北京参加了全国民族民间唱法会演，演唱了金西老师的《清蓝蓝的河》和《微山湖荡起采莲船》两首作品，在全国引起了很大反响，在代表国家出访欧洲六国的演出后，进入济南市前卫歌舞团担任民族唱法演员。这同金西与王音旋在创作与教学上的珠联璧合不无关系。关于金西创作对王音旋教学的影响大致可从如下三个方面进行分述。

（一）山东味儿与扎根民间的影响

上文中提到，金西创作的歌曲大多有着浓郁的山东特色，独特的"山东味儿"也使得王音旋能将歌曲完美地诠释出来。那么怎样能演绎好"山东味儿"呢？"山东味儿"是一种意识形态，是演唱者们的反映，是欣赏者的感觉。那么最能直接表现出"山东味儿"的就是语言，演唱者能让语言为歌曲服务，将语言与音乐结合，对表现"山东味儿"有实际的作用。

"凡是我写过的地方，我都去过。"在采访中得知，金西在与徐贵岩、李钰创作大型民族管弦乐组曲《泰山颂》时，曾每天上山搜集素材，深入采风，最终带着泰山古迹的宏伟壮丽与鸟语花香走出了山东。1979 年获得省歌舞会演一等奖后，1982 年 12 月在香港荃湾大会堂隆重公演，《泰山颂》正式奏响境内外，这首作品被评为新中国成立以来的优秀作品。金西能获得如此的成功，取决于他民间采风的过程中亲身感受群众的日常生活，在各个方面了解劳动人民的思想感情。王音旋时常对学生贾堂霞讲："说人家是民间艺术，那是小看了，你不传承下来，你知道什么？没有民间的音调，没有民族的土壤，都没法听。弹钢琴的李斯特弹得太好了，他就是没有断掉民间的根，我为什么叫你'下去'呢？你到了那里，人家有根基，向民间艺术家学的，通过第一手材料，那多有力啊！"所以，王音旋的学生们为了演绎一首作品，经常利用空闲时间到民歌发源地采风，找到民歌搜集者和首唱者进行学习。因此，学生们对歌曲的创作背景、语言的表达和当地风土民情都有一定的理解，也可在原有的风格基础上进行唱法的创新。

金西的作品，有很多已成为王音旋教学内容的重要组成部分。王音旋在教学中既教授山东传统民歌，也教授具有时代风格的创作民歌。

（二）创作对演唱的影响

民族声乐作品的创作主体不仅仅只是作曲者，歌唱演员的二度创作也是非常重要的。演唱者在表演过程中需在作者原有的基本要求与情感中形成自己对于这首作品的理解以及展现出自己的独特风格，从而塑造出鲜明的音乐形象。王音旋的学生贾堂霞认为："在演唱的二度创作中，不仅力求声音的完整、气息的贯通，也要求对作品内涵、情感的把握和处理能够按照自己的理解对词曲作家的创作初衷恰如其分地表现甚至进一步发挥。"

金西与王音旋夫妻二人珠联璧合。王音旋参与了金西创作的过程，能够深刻理解金西的创作，所以，她在教学中可将这些作品的理性认识和感性认知完整地传递给学生们。

（三）其他方面的影响

在生活中，王音旋也受到了金西的影响。金西做人做事非常严谨，尤其是对待音乐的态度堪称追求完美。所以王音旋对待教学也是如此，她尽量将每一个学生的潜力和优势发挥到最大，在学习演唱的过程中，不但让学生深入民间调研，亲身体验当地的风土人情和地域风情，也注重学生思想的塑造和文化素质的提升，让学生深刻地理解作品的深层含义。

金西与王音旋以身作则，在要求学生的同时，也非常注重自身文化修养的提高，金西阅读了古今中外的许多名著和文史类的著作，尤其是名人传记和回忆录，并能时时警醒、鞭策自己，用书中的力量激励自己。他们把一生的精力无私地奉献给了他们深深爱着的音乐和教育事业。两位老师在生活上相濡以沫，在学术上追求完美，品性宽厚，低调简朴，为人清廉，不仅毫无保留地给学生传授专业技能和知识，更重要的是引导学生养成好的习惯，注重学生的人品艺德的培养，在他们人生的道路上起着至关重要的引领作用，是德艺双馨的教育者，值得我们敬仰和学习。

歌唱家王音旋的演唱风格分析

丁汝燕　房立双[*]

一、王音旋及其艺术成就

王音旋（1936—2013），山东青州人，著名的山东民歌歌唱家，民族声乐教育家，曾任山东艺术学院音乐学院声乐教授，硕士研究生导师，音乐系副主任，声乐教研室主任，系中国音乐家协会会员，全国民族声乐学会理事，享有国务院政府特殊津贴。1948 年，年仅十二岁的王音旋就参加解放军并开始从事声乐工作，抗美援朝战争爆发后曾多次随部队进行慰问演出。她对于声乐演唱有着很高的悟性，曾在天津音乐学院、上海声乐研究所进修声乐专业。1958 年转业到山东歌舞团，1964 年调至山东艺术专科学校（现山东艺术学院）从事声乐教学工作，直至退休。

2013 年 10 月 12 日，王音旋老师与世长辞，享年七十七岁。她一生演唱了不计其数的具有影响力的歌曲。她是电影《红日》《苦菜花》《大浪淘沙》插曲的原唱，代表作品有《王大娘喂鸡》《谁不说俺家乡好》《请到沂蒙看金秋》《我的家乡沂蒙山》《红花朵朵献雷锋》《撒大泼》《谁能比得上咱》等，并录制了专辑唱片、盒带。可以说王音旋老师的一生与山东民歌

---

* 丁汝燕，女，山东师范大学音乐学院教授，中国民族声乐艺术研究会会员，第九届山东省政协委员。房立双，女，山东师范大学音乐学院 2014 级硕士研究生。

紧紧地联系在一起，她是一位具有代表性的山东民歌歌唱家。

王音旋老师不仅是一位歌唱家，更是一位德高望重的民族声乐教育家。她热爱民族声乐艺术和声乐教学事业，对于自己的演唱做到精益求精，对于学生的教育也是精挑选、细打磨。针对山东民歌的风格把握，她做到一字一句、一点一滴地教导。"以情带声，以字带声，声情并茂，加上恰到好处的表演，犹如锦上添花"[1]是王音旋对学生演唱的基本要求。此外，为了扩展学生的音域，她积极大胆地借鉴西洋美声唱法，还特别注重民族声乐演唱风格的保持，从教几十年来培养出一批具有影响力的歌唱家。

著名歌唱家彭丽媛是王老师的得意门生，1977 年开始跟随王音旋学习了近三年声乐，老师的悉心指导为她的民族声乐演唱技能打下了牢固的根基，歌唱生涯由山东逐步走向中国乃至世界。彭丽媛的歌声清脆甜美，对歌曲的演唱细腻而又不失磅礴大气，吐字清晰，运腔自如。在王音旋老师的影响下，她运用山东民歌特有的唱法，本着不断继承与发展的理念演唱了很多具有影响力和时代意义的山东民歌，如《清蓝蓝的河》《谁不说俺家乡好》《在希望的田野上》，等等。

王世慧，沂源县人，山东艺术学院音乐学院教授，硕士研究生导师，现已退休。作为《沂蒙山小调》的传唱人，她从小受到山东民歌的熏陶，喜唱、擅唱山东民歌。在一次民歌调演时被王音旋老师发现并跟随她学习民族声乐，她的歌声嘹亮豪放、甜美清脆，别具山东民歌风格特色，演唱的《沂蒙山小调》《对花》被联合国教科文组织收录进世界名歌盒带，使山东民歌走上了世界舞台。她将对山东民歌的传承与创新运用于教学实践中，影响了更多的学生演唱山东民歌，热爱山东民歌。

贾堂霞，济南历城人，现任中央民族大学附属中学声乐老师。她对山

---

[1] 陈丽媛：《音乐的旋律永久回荡——忆歌唱家、声乐教育家王音旋》，《中国文化报》2013 年 11 月 15 日。

东民歌的演绎颇得王音旋老师的真传，声音表现力强，音色明亮纯正，豪放大气且乡土味儿浓厚，情感表达亲切质朴。在王老师的影响下，她潜心研究山东民歌，热爱山东民歌，曾多次在全国各地举办山东民歌演唱会，得到民族声乐界以及社会各界人士的一致好评。演唱的代表作如《打秋千》《对花》《赶集》《赶牛山》《包楞调》，以及带有浓郁山东风格的创作歌曲《老家在山东》，等等。

王音旋培育出的优秀学生还有罗余瑛、韩国强等。她用自己的一生唱出了对山东民歌的热爱，并把毕生的精力投身于民族声乐教学，影响了一批又一批的学生，对山东民歌的继承与发展以及民族声乐的进步做出了突出的贡献。

二、歌曲演唱风格分析

王音旋一生演唱了很多脍炙人口的歌曲，歌声以质朴亲切、乡土味儿浓厚、豪放大气的特征给人留下了深刻印象，下面就结合她演唱的三首带有山东风格的创作歌曲进行探讨研究。

（一）歌曲《谁不说俺家乡好》

1. 歌曲概况

《谁不说俺家乡好》由吕其明、杨庶正、肖培珩作词作曲，是 1961 年拍摄的电影《红日》的插曲。这首歌曲取材于山东胶州民歌《赶集》，并结合临沂地区的人文地理环境和地方曲调特点创作而成，反映出山东人民的热情以及山东民歌淳厚质朴、粗犷强悍的特点。歌曲为 4/4 拍，属于 D 徵加变宫的民族六声调式，曲调优美动听，细腻而流畅，旋律抒情而不失大气。歌曲以亲切朴实的话语、柔和富有流动性的旋律线条勾勒出一幅沂蒙山区秀丽的山水画，表达了对家乡的赞美与热爱之情，以"孟良崮战役"为创作背景，更是彰显了人民解放军必将取得革命胜利的坚定信心，体现了一种自豪感。2007 年 10 月 24 日，《谁不说俺家乡好》作为入选的三十首歌曲之一，搭乘嫦娥一号月球人造卫星升入太空，优美的旋律洒向了世界各个角落。

该曲有两个版本，一个是王音旋的原唱版，另一个是任桂珍演唱的电影版。由于当时影片中展现的是一个十七八岁的小姑娘的形象，王音旋的声音听上去更显成熟，与影片真实性不符，所以又录制了任桂珍的演唱版本。当时任桂珍的嗓音正处于歌唱的黄金时期，她的嗓音甜美，音色听上去比较年轻，对山东民歌的风格把握也有所探究，所以剧组最后选用了任桂珍的演唱版本作为影片插曲。作为《谁不说俺家乡好》的首唱者，王音旋对于歌曲风格以及情感的把握做到了细致入微。

谱例 1：《谁不说俺家乡好》

谁不说俺家乡好

吕其明、杨庶正、肖培珩词曲

1. 一　座座青山　紧相连，　一朵朵白云绕山
2. 弯　弯的河水　流不尽，　高高的松柏万年
3. 绿油　油的果树　满山岗，　望不尽的麦浪闪金

间。一片片梯田　一层层绿，　一阵阵歌声
青。解放军是　俺的亲骨肉，　鱼水难分
光。看好咱　们的胜利果，　幸福的生活

对于《谁不说俺家乡好》这首歌曲，王音旋的演唱自然、淳朴，地方特色突出。演唱衬字时加了"小字眼儿"，更突出了山东民歌的韵味。用豪放嘹亮、亲切而朴实的歌声唱出了对家乡山山水水的赞美，情感表达真挚，耐人寻味。

2. 歌曲风格把握

（1）咬字吐字

王音旋处理歌曲的咬字吐字清晰，方言味浓厚，非常符合山东人的说话口音，总体上听上去比较"艮"，也就是比较"侉"，让人倍感亲切。

如第一句"一座座青山紧相连"中的"青"字，一般情况下山东人在读这个字的时候，字头咬得比较重，而且最后的尾音［ŋ］鼻音比较重，王音旋在演唱时也是突出了这一点。

歌曲的第一段共有六句，除了第三句"一片片梯田一层层绿"和第五句的"谁不说俺家乡好"，其他几句的尾字"连""间""传"均为三声，与普通话有别。

（2）衬词处理

《谁不说俺家乡好》这首歌曲是根据民歌《赶集》的音乐素材而创作的，因此具有小调的性质。山东民歌特别是小调中往往会出现衬词，用以加强歌曲的流畅性和色彩性。这首歌曲三段歌词中均带有衬词"嘚儿哟依儿哟"，虽是这么几处细小的变化，却为歌曲增色不少，使其更加生动流畅，对于这几句衬词王音旋处理得很细致。除了衬词"嘚儿哟依儿哟"本身带有的小字眼儿（即儿化音）以外，她将"哟"也进行了儿化音的处理，在演唱中就是"嘚儿哟儿依儿哟儿"。这样使得声音更加圆润丰富，也增加了歌曲的流畅性。

衬词中的"嘚儿"音也称"嘟噜音"，是舌尖在放松的状态下阻塞气流而发出的轻弹音，王音旋处理得轻巧灵活，使歌曲更加富有表现力。

（二）歌曲《谁能比得上咱》

1. 歌曲概况

歌曲《谁能比得上咱》由金西作曲，李济胜作词，后经李忠一改词，因此又叫作《清蓝蓝的河》。这首歌曲取材于山东益都民歌《卖扁食》，2/4 拍，中速、欢畅地，G 徵加变宫的六声调式，单二部曲式。曲调婉转流畅，抒情中带有一丝丝的泼辣感，唱出了对家乡山水花草树木的喜爱与赞美之情。

金西是王音旋的爱人，他们在山东民歌的创作以及民族艺术继承与发展等方面相互影响，相互渗透。金西在王音旋艺术发展的道路上给予了很多帮助与启迪，可以说她能取得如此高的艺术成就与金西是分不开的。王音旋演唱了很多金西创作的富有山东民歌风格特色的歌曲，所以要想更多地研究她的歌曲演唱特色，有必要对作曲家金西进行一定的了解。金西（1935—2000），著名作曲家、音乐教育家。他一生撰写了多部与山东民间音乐相关的研究文献和著述，尤其是主持编纂了《中国民间歌曲集成·山东卷》，为此获得全国艺术学科国家重点研究项目编纂成果一等奖。他是一位多产的山东民歌创作者，打造歌曲的山东味道是金西创作的最大特点。他在全国音乐刊物上发表了所创作的歌曲百余首，如《我的家乡沂蒙山》《高山上的百灵鸟》《唱起山歌乐悠悠》《微山湖荡起采莲船》等等。金西对待艺术非常严谨，他创作的每一首歌曲都极富生活气息，生动而具体。"他曾多次到农村蹲点，和群众同吃、同住、同劳动，他感受到了山东人民特有的勤劳、纯朴、耿直的秉性。"[1] 在此基础上创作的歌曲既富有山东民间歌曲的传统风格特征，又不失时代特色。

谱例 2：《谁能比得上咱》

[1] 王音旋编著：《金西创作歌曲集》，黄河出版社 2007 年版，第 3 页。

2. 歌曲风格把握

这首歌曲，王音旋在演唱中气息流畅，咬字吐字清晰亲切，唱出了歌曲鲜明的山东味道。除了她本身的嗓音条件和演唱技巧以外，关键是在演唱中抓住了几处能体现地方特色的词语，在此基础上融入自己的理解并加以处理。"俺"字在歌曲中频繁地出现，山东人在读"俺"字时，将普通话里的"an"由前鼻音变为后鼻音即"ang"，因此王音旋在演唱中为了突出山东味儿就特别注意这一点。"鹅鸭嘎嘎叫"中的"鹅"字以及歌曲中的"啊"字也做了同样的处理，将山东地方特色巧妙地展现出来。

对于歌曲风格的把握还体现在衬词的应用与演唱处理上，如

"呀""啊""来""哎哟""哎嗨儿咿嗨哟"。其中"哎嗨儿咿嗨哟"中的"哟"字运用了顿音的处理方法,她的演唱轻巧活泼,声断而气不断,保持了歌曲的流畅性。对于整首歌曲的演唱,王音旋把握住歌曲欢快舒畅的总基调,声音圆滑动听,字里行间流露出一种自豪感,让人听了倍感亲切。

除了这首歌曲,王音旋还演唱了很多首由金西作曲的山东民歌,如《请到沂蒙看金秋》,她也是这首歌曲的原唱,还有《我的家乡沂蒙山》,根据平阴民歌《唱灯》改编的《唱起山歌乐悠悠》等,在演唱时均打破了普通话的发音语调,再加上优美流畅的旋律曲调和萦绕迂回的旋律线条,将沂蒙山区的宜人秀丽的风光淋漓尽致地展现在人们面前。当然还有很多描写山东各地风光景象的歌曲,如《高山上的百灵鸟》《微山湖荡起采莲船》等等。这些歌曲经过王音旋的演唱,家乡味儿浓厚,她的声音时而高亢嘹亮,时而细腻委婉,为每一首歌赋予了地方风味。

(三)歌曲《苦菜花开闪金光》

王音旋的演唱不仅声音上相对豪放泼辣,宽阔嘹亮,在情感的把控上更加亲切真挚。中国音乐学院声乐教授马秋华在山东艺术学院讲座时,颇有感触地提到了王音旋演唱的《苦菜花开闪金光》这首歌曲,情感表达之真切无人能及。

电影《苦菜花》根据冯德英同名小说改编,集中讲述了受尽苦难的胶东半岛王官庄人民跟随共产党闹革命,最终取得胜利的故事。《苦菜花开闪金光》是这部电影的插曲,由集体作词,肖珩谱曲。歌曲为 2/4 拍,两段歌词所展现的情绪截然不同,因此调式上也有所转变,由 $^\flat$E 徵雅乐七声调式转为 $^\flat$E 宫加变宫的六声调式。第一段描写了战争年代人们颠沛流离的生活,生活之艰难就像苦菜花一样苦涩。第二段旋律流畅活跃,音乐形象鲜明,曲调昂扬,富有山东地域色彩,描写的是共产党带领穷苦人闹革命,翻身得解放的喜悦,赞颂了胶东人民善良不屈的崇高精神。这首歌曲已成为20世纪六七十年代的人们童年记忆里不可或缺的经典回响。

王音旋是歌曲《苦菜花开闪金光》的原唱，她将歌曲的情感把握得细致入微，两段歌词的情绪有着鲜明的对比。

第一段（见谱例3）给人的感觉是"苦"，王音旋运用了哭腔，增加了歌曲的感染力。将每一个字都唱到了心坎上，听上去充满了悲伤与痛苦。速度上是较慢的，更能体现穷苦人受压迫的无助感。在气息的运用上，非常饱满，再加上哭腔，很容易调动歌唱器官的积极配合，增强声音的穿透力。"苦菜花开满地黄"，"苦"字一出，就把听者带进了一种悲伤的氛围之中。第二句"乌云当头遮太阳"，王音旋在演唱时特别强调"当"字，这个字在旋律上也是整个句子的最高音，#4的出现为歌曲的色彩抹上了一层苦涩，旋律呈现下行走向，显示出内心的无奈与悲痛。第三句在起承转合的四句式结构中，达到了感情的最高潮，"鬼子汉奸似虎狼"唱出了对敌人的痛恨。第四句"受苦人何时得解放"，是感情的升华部分，旋律的走向与句子的语气是相一致的，突出的是"何时"，唱出了内心的煎熬与期盼。

谱例3：《苦菜花开闪金光》

苦菜花开闪金光

——电影《苦菜花》插曲

冯德英词
肖　珩曲

第二段王音旋唱得坚定有力，高亢激昂，积极奋进。穷人的苦日子终于要熬到头，跟着共产党闹革命，翻身做主人了，所以歌声之中充满了希望。速度比第一段快了一倍，声音上的处理较第一段更显轻巧，与第一段形成鲜明的对比，体现出内心的喜悦和革命必胜的信心。此外，王音旋在一些细微之处唱出了山东民歌的风格韵味。如第一句中的"花"和"地"都加上了小字儿，还有"朵朵鲜花迎太阳"中的"朵朵"二字也做了同样的处理，使得声音听上去更加圆滑，从一定程度上丰富了歌曲的情感表达。同时，凸显出山东人的语言风格，让人听了更容易产生情感上的共鸣。

（节选自山东师范大学 2017 年硕士学位论文
《鲁韵齐风　民声传承——以王音旋、韦友琴、李兆芳演唱风格分析为例》）

追根寻源　积厚流光

——王音旋演唱歌曲的分类与演唱分析

王艺笑 *

王音旋一生中演唱歌曲无数，经典曲目至今广为流传。根据目前所能查到的唱片、盒带等音响资料以及其 1981 年油印的《王音旋唱片录音歌

图1 《王音旋唱片录音歌曲》封面及目录[1]

---

* 　王艺笑，女，山东艺术学院 2020 级中国近现代音乐史方向硕士研究生。

[1]　笔者于 2021 年 4 月 26 日在山东艺术学院（长清校区）图书馆工具书阅览室拍摄。

曲》曲集、1995 年所填写的"全国文化艺术科研成果调查表"来看，王音旋录制过的声乐作品多达近三十首。其中，有《绣荷包》《王大娘喂鸡》《打秋千》等山东传统民歌，也有《我的家乡沂蒙山》《高山上的百灵鸟》《唱起山歌乐悠悠》等山东风格经典作品，以及《谁不说俺家乡好》《苦菜花开闪金光》《琴声悠悠唱济南》等为电影献唱的插曲。

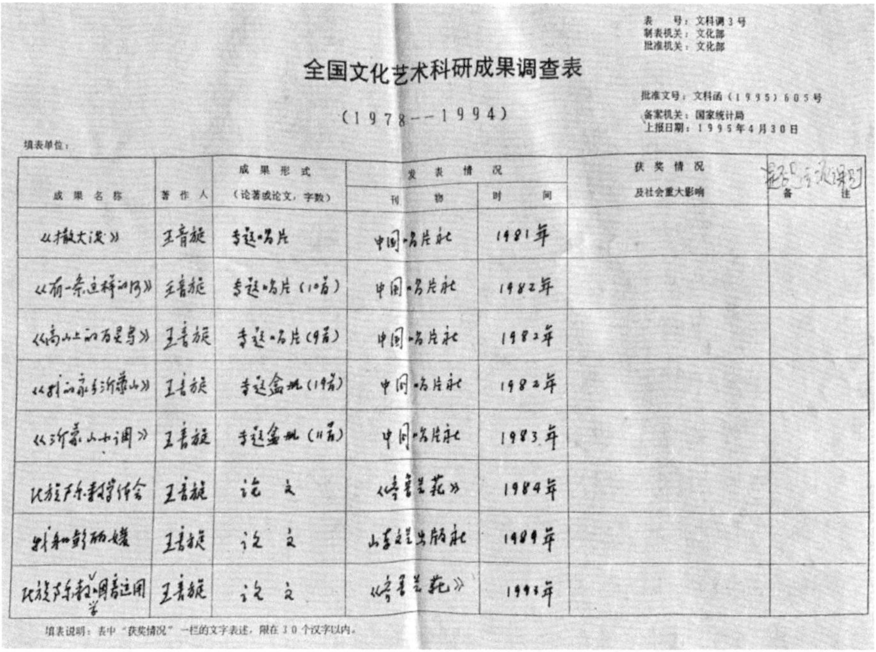

图 2　全国文化艺术科研成果调查表[1]

一、王音旋演唱的山东民歌

王音旋多年来扎根于民间，充分汲取山东的泥土气息。她所演唱的山东民歌韵味淳厚，不易模仿。通过王音旋所演唱的《绣荷包》《打秋千》

---

[1]　笔者于 2021 年 4 月 26 日在山东艺术学院（长清校区）图书馆工具书阅览室拍摄。

和《王大娘喂鸡》三首风格各异的经典山东民歌，能够探寻到其民族声乐演唱之"韵味"的来源与体现。[1]

（一）《绣荷包》

荷包是中国汉族传统服饰中，人们随身佩戴的一种能够携带零碎物品的装饰性小包，也是中国人民心中的一种爱情信物。"绣荷包"在汉族民歌中代表爱情主题，也是较为常用的主题之一。民歌《绣荷包》于二百多年前就在《霓裳续谱》中有所记录，目前全国各地流传的《绣荷包》有一百余首，山东省内存有曲谱的就有十五首，分布在山东的十三个不同地区。其中，高密地区的《绣荷包》共有两个版本，分为"白天版"与"夜晚版"，二者旋律相近，歌词不同。[2]

王音旋所演唱的《绣荷包》是高密夜晚版，歌曲为 G 商加变徵的六声调式，三段体结构，各段均由四个乐句构成。曲调起伏不大，未出现四度以上的音程跳进，旋律线走势整体较为平稳，各乐句收束时呈下行趋势。

同样是表达少女对情郎的思念之情，王音旋却通过演唱突出了"夜深人静"这一歌曲意境。通过发音的收敛与控制、演唱力度的变化调整以及气息的连续或断开，生动地表达出了少女深夜心思流转，为情郎绣荷包时难掩内心激动却又不敢声张、单纯羞涩的画面。与李兆芳演唱的白天版不同，王音旋在整个演唱中声音并没有发得非常"实"。伴随演唱力度加强，王音旋会立即回收音量，例如第 2 小节和第 7 小节中的"捎""荷"字被强调后，紧接着的"包儿"和"信儿"会处理得十分柔和，强弱对比明显。

---

[1] 《绣荷包》《打秋千》的音响来源于中国唱片总公司出版的盒带（编号为 HL-99），《王大娘喂鸡》的音响来源于中国唱片总公司出版的唱片（编号为 M-2841）。

[2] 参见徐英筱《山东民歌〈绣荷包〉的润腔研究》，硕士学位论文，曲阜师范大学，2020 年，第 12 页。

谱例 1:《绣荷包》第 2 小节

谱例 2:《绣荷包》第 7 小节

捎　信　儿　　　　　　　　　荷　　　包　儿

相同的处理也会出现在乐句与乐句之间,例如歌曲前两个乐句,虽曲调一样,但力度不同,在第一乐句整体力度较强的情况下,王音旋会将第二乐句的力度整体减弱。这样富有层次的力度变化将少女夜晚独自一人思绪纷杂曲折的音乐情景展现得淋漓尽致。气息运用方面,例如第 1、2、4乐句结尾在进入小拖腔前,气息会给人一种要断开的趋势,但并不彻底,而是似断非断后完成拖腔,做到"声断气不断"。这样的气息变化也同样符合少女怀春时的羞涩和踌躇的音乐形象。

(二)《打秋千》

《打秋千》是青州地区流传较广的一首生活小调,表现的是清明时节村里的姑娘去打秋千的活动场景,旋律质朴且富于生活气息,是简单的 D宫加变宫的六声调式,第 12 小节旋律下行时变宫音的加入增强了音乐的色彩性。三段体结构,各段由起承转合的四乐句构成,其间加入衬句,尾句加以重复变化,避免了方整对称的结构关系,不会显得乏味与无趣。

王音旋在演唱中对于音色的把控十分讲究,歌曲速度适中,但将音色处理得清亮、脆美,使得歌曲在听觉感受上既体现了乡村生活的悠闲惬意,同时又融入了少女打秋千时的欢乐、活泼、无忧无虑。歌曲音域跨度为十度,易于演唱,且相对于大部分唱词密集的山东民歌而言,《打秋千》属于小部分声情多而词情少的歌曲。在这样的情况下,王音旋的二度创作为其增色不少,在演唱时加入颤音令声音松弛并贯穿歌曲始终,同时颤音振幅不大,不显突兀。这样的处理避免了单音在纯粹拉长时的平直和呆板，为平凡的乐句增添了层次感。此外，歌曲在转句后加入的衬句"哎哟我说是呀"使得整个歌曲好似两位村民的对话，前三句是一人讲述，第四句则是另一人的回应，出现了音乐的戏剧性发展。此外，在转句中出现的两次八度上跳音程（第 9、11 小节）是歌曲情绪高潮之处，王音旋利用上滑甩音与力度的收放进行了表现，体现出了一人在讲述时越说越激动的情景，使得歌曲更加生活化。

谱例 3：《打秋千》第 9—12 小节

十　　　八　的　姑　　　娘

（三）《王大娘喂鸡》

《王大娘喂鸡》是夏津地区的一首民歌。夏津地处鲁西北平原一带，当地民风淳厚，普遍饲养家禽。歌曲描绘了王大娘热爱生活，清早起来喂鸡、寻鸡的劳动场景。歌曲旋律为 C 宫加变宫的六声调式，三段体结构。与大多起承转合四句体模式的山东民歌不同，《王大娘喂鸡》每段由五句唱词构成，且乐句长短不等，连接自由、灵活、随性。

夏津地区靠近运河与黄河，受历史条件与地理环境的影响，民歌风格偏豪迈粗犷，幽默风趣，小调也会受到运河号子与黄河号子的影响。王音旋对此特点有着非常准确的把握，演唱时声音洪亮、清脆、直白，突出声音的"侉"味，运用的真声成分相较于其他民歌演唱要更多一些，有原生态的味道。润腔时的装饰音也有意识地处理得更为生硬，"艮"的味道同样符合当地的风土人情。歌曲的第 15—20 小节是全曲亮点，也是高潮部分，运用了戏曲的表现手法，空拍的出现以及纯五度上下行交替，后紧接着的大二度级进与同音反复，到最后的六度大跳，使旋律的音乐表现力有了巨大提升。王音旋在此处利用气息的顿挫和吐字速度，处理得既轻巧又连贯，充分展现了歌曲的生动、诙谐以及王大娘乐观、泼辣的音乐形象。

谱例 4：《王大娘喂鸡》第 15—20 小节

一　二　　三　四　　一二三四　五六七呀　咳 咳咳咳　咳 咳咳咳

（四）演唱分析

王音旋曾学习过戏曲，并将其中诸多技巧融合进自己的山东民歌演唱中。她在演唱时，大多围绕山东方言特征与歌曲音乐表现力而展开。

1. 方言

语言往往是民歌演唱风格构成中最重要、最直接的因素之一。普通话实际属于北方语言体系，因而山东地区的方言与普通话更为接近。以济南方言来说，对于大多数人而言，能听懂普通话就不难理解济南话。但笔者作为济南人，仍然认为二者差别不小，尤其是在日常口语化的交流中。甚至同属山东地区，笔者在听威海、胶东等地的方言时，却很难分辨其语义。

王音旋所演唱的《绣荷包》与《打秋千》分别为高密与青州民歌，两地同属潍坊市，在山东方言分区中属于"东潍片"[1]；《王大娘喂鸡》为夏

---

[1] 东潍片包括 25 个县市：莱州、平度、即墨、青岛、崂山、胶州、高密、昌邑、寒亭、寿光、潍坊、青州、昌乐、临朐、安丘、诸城、胶南、五莲、日照、莒县、莒南、沂水、沂南、蒙阴、沂源。

津民歌，隶属德州市，在山东方言分区中属于"西齐片"[1]。下面以普通话与济南话作为参照，将潍坊与德州两地的方言调值做一清晰展示。

表1　方言调值表[2]

	阴平	阳平	上声	去声
普通话	55	35	214	51
济　南	213	42	55	31
潍　坊	213	53	55	31
德　州	213	42	55	21

山东存在一些三调方言，例如东潍片的平度和莱州没有去声调、西齐片的博山没有阳平调[3]。由上表可以看出，潍坊和德州两地方言调值差别不大，在说话时通常嘴巴动作幅度较小，细致对比下潍坊地区更甚。发声时声母大多是舌尖前音，因此相较于喉，运用唇、舌、齿更多，但声音共鸣却相对靠下、靠后。因此，王音旋作为青州人，在演唱这三首民歌时不需要过多改变其原本的方言系统，只需要在遇到特殊发音时进行处理，例如潍坊话中"人"读作"yín"，"喝水"读作"hǎ shuī"；在德州话中"骗人"读作"xué 人"，"来客人"读作"来 qiè 了"。

2. 润腔

音高式润腔是一种最基本的润饰方法，包括渐进、滑进的音高变化过程及倚音、波音、滑音、颤音等装饰音[4]的使用。且音高式润腔在使用时，

---

[1] 西齐片包括 42 个县市：济南、沾化、利津、广饶、博兴、桓台、博山、邹平、章丘、高青、滨县、无棣、乐陵、阳信、惠民、商河、济阳、历城、莱芜、新泰、新汶、泰安、肥城、长清、临邑、德州、陵县、平原、禹城、齐河、武城、夏津、临清、高唐、茌平、东阿、平阴、聊城、阳谷、梁山、莘县、冠县。

[2] 参见钱曾怡、高文达、张志静《山东方言的分区》，《方言》1985 年第 4 期。

[3] 参见郭春霞《山东方言声调的内部比较》，《科技信息》2013 年第 18 期。

[4] 参见徐英筱《山东民歌〈绣荷包〉的润腔研究》，硕士学位论文，曲阜师范大学，2020 年，第 12 页。

往往是滑进与装饰音配合出现，或是与节奏式润腔、力度式润腔共同体现。

（1）下滑甩音

在《绣荷包》中，第13小节前两段的"忙"和"成"在高密方言中均读作下行去声，王音旋在演唱时加入了前倚音"do"，处理为"do-la-do-la-sol"，既在字头咬字时对调值有所强调，又将整拍进行了慢下滑处理。第三段中的"将它"在用方言念唱词时是快速带过的，所以此处王音旋对倚音的处理相较于前两段进行了弱化。

《打秋千》的第13小节，三段中的"又去""儿""呀么"在方言中也同样是去声，此处王音旋加入后倚音"xi"，变为"xi-re-xi"做快下滑处理，使得前后衔接顺畅，方言韵味浓烈。

谱例5：《绣荷包》第13小节

谱例6：《打秋千》第13小节

同样，《王大娘喂鸡》中第5小节的"大"字加入后倚音变为"mi-re"下滑，突出"王大娘"，给听众以喊人的感觉；第14小节中，王音旋为强调唱词中的"查""下""度"三字，也配合下行旋律及调值做出了下滑甩音处理。

谱例7：《王大娘喂鸡》第5小节

谱例8：《王大娘喂鸡》第14小节

（2）上滑甩音

王音旋在进行上滑甩音时通常习惯于在字尾上挑，像小尾巴似的收音（尾部小甩音），听起来十分俏皮。

《绣荷包》第 3 小节中的"样""的""完"字，王音旋在此处上挑加入后倚音处理为"fa-sol"，形成小尾巴上滑甩音；紧接着第 4 小节中的"呀"字，首先在"la"音咬字发音，之后延长字尾"a"加入附点"do"进行小上滑；第 16 小节中的"荷""郎""活"字，随着四度上跳音程进行了上滑甩音，且依势融入了儿化音，变为"荷儿""郎儿""活儿"，非常巧妙地将甩音与儿化音相结合，类似的结合还有第 6 小节中的"对（儿）"。这些处理都非常到位地勾勒出少女在夜晚内心情绪的波动。

谱例9:《绣荷包》第 3—4 小节

谱例10:《绣荷包》第 16 小节

照 样 咿么 栽 呀，
绣 的 桂花 香 呀，
绣 完 送 给 他 呀，

荷 包
郎 哥
活 扣

《打秋千》中的上滑甩音相较而言处理得不那么明显，例如第 1、5 小节第一段中的衬字"又"，第 12 小节中的"娘"字以及第 21 小节中的"来"字都进行了上甩，其中第 12 小节中的"娘"字在上甩时改变了原本的节奏型为附点节奏，处理得更加轻巧。《打秋千》这首小调速度较慢，音域较窄，声情较多，王音旋在旋律进行中加入的这些小上滑，既可以在平稳悠闲的曲调中增添趣味色彩，又不会过于出挑而破坏歌曲原本的氛围感。

谱例11:《打秋千》第1小节

清　明(又)

谱例12:《打秋千》第12小节

娘

谱例13:《打秋千》第21小节

来　到了

《王大娘喂鸡》的曲调诙谐，旋律线起伏本就频繁，因而王音旋并未过多使用调动情绪的上滑甩音。仅有一处，在第9小节各段的"早""鸡""不"字时，配合旋律上行及附点节奏做出了上滑甩音的收音处理。

谱例14:《王大娘喂鸡》第9小节

清　早
公　鸡
眼　不

（3）倚音、波音、颤音的处理

王音旋在演唱《绣荷包》第1小节中的"里"字时，加入了波音的使用，一则符合了上声的字调走势，二则由于开头"一更里"的旋律线平直，王音旋加入的装饰性润腔也为旋律增添了色彩，第6小节曲调相同，处理也一致。第2小节中的"荷""包儿"分别加入倚音和波音，"荷"字加入前倚音"fa"形成上滑并借势加入儿化音；"包儿"的调值为"213"，加入波音处理符合方言特性，连续的装饰音润腔也突出了少女情绪的不断波动。第 1 乐句最后的"呀"字字尾拖腔延长至第 5 小节时，在"do"前加入倚音"la"，且时值与主音相同，形成阻声[1]式上滑咬字发音。

谱例 15：《绣荷包》第 1—5 小节

1.一 更 里 的 那 荷　包 儿　照 样 咿 么　栽 呀，
2.三 更 里 的 那 荷　包 儿　绣 的 桂 花　香 呀，
3.五 更 里 的 那 荷　包 儿　绣 完 送 给　他 呀，

《打秋千》第 3 小节中的"三""板""山"，字尾收韵均为言前辙"an"。王音旋在此处加入了前倚音与波音，波音处理得并不明显，但整体符合方言调值。第 22 小节中的"秋千""一身""三月"，每两个字都分别加入了前倚音，同样符合方言发音习惯，其中"秋"字的装饰并不明显，因为"秋千"是一个整体，王音旋在唱时就将"秋"字短促带过，突出了"千"。前文中有所提及，王音旋在演唱这首民歌时，小幅度颤音几乎是贯穿始终的，因此许多波音并不明显，更像是与颤音融为一体。

谱例 16：《打秋千》第 3 小节　　　　谱例 17：《打秋千》第 22 小节

三，　　　　　　　　　　　　秋　　千
板，　　　　　　　　　　　　一　　身
山，　　　　　　　　　　　　三　　月

《王大娘喂鸡》第 7 小节中前两段的"笑嘻"和"笑哈"，王音旋也都

---

[1] 阻声是风格韵味多样的主要原因之一，可简单理解为声音听起来没有那么顺畅，有棱角，发声音色硬朗有力。

分别加入了前倚音，变为"la-mi-mi-la"，既符合"笑"的调值，也符合"嘻"和"哈"的调值，处理得极为巧妙，在符合旋律走向的同时，将字与字之间的方言韵味最大化地展示了出来，且前后连接顺畅。

谱例 18：《王大娘喂鸡》第 7 小节

笑　呀么笑　嘻
笑　呀么笑　哈
越　老　越　能

3. 节奏、力度

笔者发现《绣荷包》中第 20—23 小节第 4 乐句收束时，王音旋每段的力度、气息处理都不同。第一段"等小妹绣出来呀"的气息是在"出"和"来"之间进行顿挫，因为"出"字在收韵时为撮口呼，发音易形成喷口效果，相较而言不易与后字接续；第二段"配呀配成双呀"整句没有出现气息断开或停顿，这是由于唱词相较另两段字数要少，因此王音旋的气息足够支撑后续拖腔；第三段"小心地戴着它呀"的气息则是在"它"和"呀"之间进行了顿挫，对"它"字进行强调作用。《打秋千》中第 13 小节第一段的"她"字，力度较弱，吐字极轻，营造了一种在说悄悄话的情景。

谱例 19：《绣荷包》第 20—23 小节

等　小妹绣　出　来呀。
配呀　配　成　双呀。
小　心地戴　着　它呀。

谱例 20:《打秋千》第 13 小节

她　　又　去

4. 咬字、衬词、衬句

对于方言中某些字的特殊发音，王音旋处理得也很到位。例如遇到"的"时唱作"di"、遇到"着"时唱作"zhuo"、遇到"了"时唱作"liao"、遇到"脚"时唱作"jue"。此外，为突出山东方言的"艮"，王音旋会延长字头或字尾，例如《王大娘喂鸡》第 7 小节"笑嘻嘻"中的"笑"和第 11 小节"撒开了一群鸡"中的"群"，均将其字头"x"和"q"进行了延长。

王音旋对衬词的使用也十分讲究，像"咿么""吧""呀么"等衬词都起到了过渡、连接的作用。她也自行在演唱过程中加入了一些衬词，例如《绣荷包》中的"鸟儿（它）成双对"、《打秋千》中的"打完（哎）秋千"、《王大娘喂鸡》中的"点点（那）数来查仔细"和"少了（嘛）一只鸡"，这些都使得歌曲更加口语化、生活化，更加贴近民歌本来的样子。

衬句方面，在《绣荷包》中第 19 小节的"唵唵唵……"是一字数音的长腔，在第一个音上咬字发声后，按旋律进行略带棱角的运腔，将少女的羞涩体现得十分具体；《打秋千》中第 23—26 小节的"咿呀哎嗨呦嗨呦"则是受到了黄河夯号的影响，但在演唱时的情绪展现与夯号差别很大；《王大娘喂鸡》中第 19—20 小节的"咳咳咳……"唱作"hai hai hai……"中间加入了下滑甩音，同样也是受到了号子的影响，不过根据歌曲情景，在演唱时不需要过于收敛，高亢的喊唱反而更加体现了王大娘的直率与泼辣。

谱例 21:《绣荷包》第 19 小节　　　　谱例 22:《王大娘喂鸡》第 19—20 小节

唵唵唵　唵唵唵唵　　　　咳　咳咳咳　咳　咳咳咳
唵唵唵　唵唵唵唵　　　　咳　咳咳咳　咳　咳咳咳
唵唵唵　唵唵唵唵　　　　咳　咳咳咳　咳　咳咳咳

二、王音旋演唱的山东风格创作歌曲

根据笔者所掌握的资料来看，王音旋留下的山东风格创作歌曲的音响资料之数量，远远超过传统的山东民歌作品。且王音旋最为大家所熟知的作品大多为山东风格创作歌曲，之所以会被奉为经典，定然有其出色之处，这便离不开作曲家的创作以及表演者的二度创作，二者相辅相成，才能碰撞出别样的火花。

（一）《我的家乡沂蒙山》

《我的家乡沂蒙山》由金西作曲，朝中、左云、黄凌作词，是《金西创作歌曲集》中收录的第一首作品，创作于 1962 年，1964 年王音旋受邀至中国唱片社录制了此歌曲。歌曲创作时，我国刚刚熬过艰难的三年困难时期，正处于恢复的初级阶段。

作品使用的是歌曲中较为常见的三段体曲式结构，但又不同于传统民间歌曲十分方整的歌词句式，而是在旋律创作中打破了方整性结构。作曲家的这一巧思具体体现在歌曲结尾处，进行了乐句内部扩充，这样的结构使歌曲增加了新意与趣味性。调式方面，作品采用同宫系统下宫调式与徵调式交替的处理，使得旋律自然流畅，同时增强了音乐发展动力。

在演唱中，力度与音量的控制往往会影响歌曲情感的渲染，以歌曲开头第一句为例（第 5—8 小节），王音旋的演唱力度变化较为频繁。一方面是由于整首歌曲的情景是歌手在向听众介绍自己引以为傲的家乡，力度的变化能够从最初就抓住听众的耳朵；另一方面是受到了旋律线的影响，开始是四度下滑并跳回，向下级进进入第 6 小节并做了一个小迂回，级进进入第 7 小节后利用小七度的跳进改变了旋律走向后结束。在山东民歌的创作中，具有代表性的旋律线为大二度、小三度构成的级进音型，以及四度、大小六度、小七度构成的跳进音型或下滑音型。这种级进与跳进的交接使作品具有鲜明的山东民歌特色，且极具创作歌曲的时代感。王音旋的演唱力度直接根据旋律线的起伏而变化，也非常符合山东人民耿直、爽快的性格特点。

谱例 23：《我的家乡沂蒙山》第 5—8 小节

歌曲第二句（第 9—12 小节），王音旋在演唱时将力度不断加强，一是符合"高高的山峰入云端"的词情，二是结束时的拖腔能够给人以站在山上呐喊的听觉感受。中间部分的短句与衬词处理得较为轻巧，句与句之间强弱交替，流露出灾害过后丰收的欢快与生活的悠闲。尾句（第 38—44 小节）的力度加强给人以歌颂感，表达出对沂蒙山好风光和劳动人民的赞美之情。

如今很多歌手在演唱时，会追求把高音唱得很弱，认为这样的艺术表现更能够扣人心弦，令人屏息聆听。但对于山东民歌来说，像王音旋这样直白的处理反而更加符合其风格韵味。王音旋善于利用润腔来展现歌曲的方言性以及"侉"味。第二句句末第 11 小节的"端"和"川"字加入前倚音，处理为"do-la"，与随后的"do"音共同组合成了"端"字"213"

的山东方言调值走向。第 17 小节的衬字"呀"，王音旋将前面的"re"延续，变为前倚音，从而对"呀"的字头"y"进行了强调。

谱例 24:《我的家乡沂蒙山》第 11 小节

端，
川，

谱例 25:《我的家乡沂蒙山》第 17 小节

梯　（呀）田

在演唱此作品时，王音旋对颤音与波音的运用也非常频繁。歌曲每一句句尾拖腔时都加入了颤音，句中波音也频繁出现，第 10 小节中的"云"、第 14 小节中的"尽"和第 16 小节中的"年"均为复波音，第 13 小节中的"泉"为逆波音。这样的处理听上去会有一种全曲统一的感觉，增加了层次感，同时也体现了歌者站在沂蒙山水间歌颂的空间感。

上滑甩音与下滑甩音往往会有俏皮的听觉感受。王音旋将第 13 小节中的"泉水"、第 17 小节中的"田""梨"、第 22 小节中的"哟"、第 30 小节中的"乡"和第 36 小节中的"完""年"加入了上滑甩音；将第 29 小节中的衬字"那"处理为下滑甩音。甩音是将音在收束时提至鼻腔上后部，点缀在歌曲行进中，可以产生情绪上的调动作用，同时符合山东地区的语言习惯，且大多上滑甩音是在出现"re""fa"时使用，并配合上行附点节奏，既有规律可循，又与旋律浑然一体，不显突兀。

谱例 26:《我的家乡沂蒙山》第 13 小节

泉　水　流　不

谱例 27:《我的家乡沂蒙山》第 17 小节

梯　（呀）田
黄　　梨

谱例 28：《我的家乡沂蒙山》第 22 小节

哟
哟

谱例 29：《我的家乡沂蒙山》第 30 小节

家　　乡
家　　乡

谱例 30：《我的家乡沂蒙山》第 36 小节

完　唻哎　嗨嗨
年　唻哎　嗨嗨

谱例 31：《我的家乡沂蒙山》第 29 小节

我　的　（那）
我　的　（那）

值得一提的是，王音旋在处理结束句最后的衬词"唻哎嗨嗨哟"时，加入了笑腔，可谓是点睛之笔。不仅增加了趣味性，也凸显了山东人民豪爽的说话语气。

此外，还有装饰音润腔的组合运用。开头"我的那"在方言中的声调较为平直，此处为了抓住听众的注意力，作曲家首先运用了四度音程的跳进，为配合此用意，王音旋在演唱中再次加入变化，将"的"加入了前倚音，处理为"re–la"，甚至"re"音的时值基本与半拍无异，突出了山东民族声乐演唱中"硬"的特点，紧接着"那"字加入顺波音（由于歌曲为民族调式，因此为"re–fa–re"，而不是"re–mi–re"），将三个字的音乐表现力最大化。

咬字收韵对方言韵味的体现起到非常重要的作用。首先，歌词中所有的"的"发音均为"di"。为突出山东方言的"侉"，王音旋会对字头或字尾进行延长，如第 9 小节中的"高高"延长了字头"g"；第 18 小节中的"层层"延长了字尾"eng"；第 26 小节中的"处处"延长了字尾"u"；第 34 小节中的"景"延长了字尾"ing"。这些延长的字音都被咬得很"实"，且通过汇总不难看出，这样的咬字在叠词出现时体现得最为明显。"小字"即儿化音，其作为山东方言中不可或缺的元素，王音旋在演唱时也处理得十分到位。例如，"映山红花处处开"演唱时会唱成"映山红花（儿）处（儿）处开"；"金黄的谷穗长又长"会唱成"金黄的谷穗（儿）长又长"；"山区的美景"会唱成"山区的美景（儿）"，等等。

（二）《谁不说俺家乡好》

1963 年上映的电影《红日》，以历史上在山东发生的孟良崮战役为主线，讲述了解放军在敌我战力悬殊的情况下英勇作战，最终消灭了国民党第七十四师这一王牌部队的故事。电影插曲《谁不说俺家乡好》是由吕其明、杨庶正、肖培珩三人共同创作的，王音旋于 1961 年前往上海进行了录制。

值得一提的是，《谁不说俺家乡好》共有两个版本，一个是王音旋的原唱版，另一个是任桂珍演唱的电影版。插曲最初选定由王音旋来演唱，但因电影主人公为十六七岁的小女孩，且电影要求视觉与听觉形象需统一，因此又录制了另外一版。2007 年，《谁不说俺家乡好》还跟随"嫦娥一号"共升太空，可以说，这首歌曲的普及与影响程度已经超越了电影本身。

歌曲旋律采用了胶州民歌《赶集》的曲调，吸收了沂蒙地区的音乐元素，并根据山东地区的人文地理环境以及民间歌曲旋律特点加以修改而成，因此也具有小调性质。歌曲为二段体结构。第一部分由起承转合的四乐句组成，E 徵调式。第二句中变宫音的加入，使得整个音乐调性色彩更加丰富。变宫音的出现与接下来的商音构成的小三度，形成以徵为宫的同主音调式交替，使旋律临时转到 E 宫调，具有调式游移的特点。通常，徵调式的感情色彩是偏明朗的，王音旋也将音色与情感做出了相应的调整，力度变化不大，体现出了部队军人们激战前在沂蒙山区青山相连、白云环绕的秀美风景中，内心得到治愈与鼓舞的意境。第二部分从"哎，谁不说俺家乡好"到旋律结束，分为两句。内容上为全曲主旨的点题，同时旋律到达全曲的高潮点，王音旋在演唱中也将力度加强，突出了"哎~"的拖腔加收束时的上滑甩音。第一句歌词中加入的衬词"嘚儿哟依儿哟"，极具山东小调特色，使歌曲有口语化的倾向，增强了流动性，王音旋在演唱时将"嘚儿"处理为打嘟噜音，轻巧生动，将"哟"也加上了儿化音，处理为"嘚儿哟（儿）依儿哟（儿）"，提升了音乐的灵动性与表现力，带有浓郁的地方色彩，展现了孟良崮人民的淳朴以及战士们内心保家卫国的坚定信念，也表达了对祖国大好河山的赞美与热爱。第二句旋律基本以第一部分的最后一句"一阵阵歌声随风传"为主进行变化重复，体现在音程使用上的扩大以及对歌词节奏上的拉宽。

对于《谁不说俺家乡好》这首歌曲，王音旋情感表达真挚，演唱淳朴、自然，抒情却不失坚定感，耐人寻味。

王音旋在演唱中加入了大量的倚音和波音。倚音方面，例如第 1 小节中的"青"和"山"，分别加入了后倚音和前倚音，变为"la-xi"和"do-mi"；第 2 小节中的"相"字加入前倚音变为"mi-do-mi"。这些装饰音的出现在不改变原本曲调的情况下，尽可能多地让歌词中的每一个字都符合山东方言调值。波音的运用例如第 3 小节"一朵朵白云绕山间"中的"绕"、第 6 小节"一层层绿"中的"层"、第 8 小节"随风传"中的"随"，等等。王音旋对波音的使用有自己的巧思，在列举中的几个字出现时加入波音，既符合字调，又符合字义。整首歌曲旋律中出现的倚音以大二度装饰为主，符合当地方言的语调，王音旋的演唱处理在细化旋律的同时，也体现了创作者与表演者的配合。歌曲旋律的音级进行以级进为主，同时穿插五度、六度、七度等音程跳进，王音旋会利用跳进的出现进行力度润饰，在句尾出现拖腔时会加入颤音或是气息顿挫来丰富音乐表现力。

谱例 32:《谁不说俺家乡好》第 1—3 小节

一座座青 山　　紧相　连，　一朵朵白云绕　山

谱例 33:《谁不说俺家乡好》第 6 小节　　　　谱例 34:《谁不说俺家乡好》第 8 小节

一层　层绿，　　　　　　　　随风　　传。

王音旋对这首歌曲的唱词咬字、吐字十分清晰，山东方言味道浓厚。例如开头第一句"一座座青山紧相连"中的"青"字，通常山东人民在说到这个字的时候，字头会咬得很重，且最后收音时会将尾音结束在鼻腔中，鼻音较重，"山"字在说时也会咬得较重，将口腔空间下压。王音旋在演唱时非常注意这些字，将山东方言中的"艮"味和"侉"味展现得淋漓尽致。

（三）《苦菜花开闪金光》

电影《苦菜花》于 1965 年拍摄并上映，讲述了英雄母亲冯大娘在残酷的斗争中，在党的领导下，逐渐成长为一个具有崇高爱国主义精神的战士的故事。电影插曲《苦菜花开闪金光》《支前小唱》和《永远跟着共产党》均为王音旋演唱录制，其中《苦菜花开闪金光》最为大家所熟知。歌曲前半段描写了战争时期百姓们生活中的艰难与凄苦，后半段描绘了共产党带领穷苦人闹革命，大家干劲十足的场景，称颂了胶东人民不屈的精神。歌曲音乐形象鲜明，是 20 世纪六七十年代人们记忆中不可或缺的经典旋律。

歌曲整体结构可分为"A+B（含间奏）"两部分。A 部分为 4/4 拍的慢板，调式调性为 D 徵七声雅乐，整体旋律突出了一个"苦"字。例如开头第一句的"苦菜花开满地黄"，旋律向下进行，将情绪压低，明确了愁苦的情感基调。王音旋在演唱中运用了哭腔，散发出幽怨的听觉感受，如泣如诉，催人泪下。间奏变为 2/4 拍，突然进入快板，一下子打破了前半段的旋律氛围，曲调昂扬，变消极为积极，给人一种进行曲的感觉，此时调式也变为 A 徵调。进入 B 部分后，拍子变回 4/4 拍，调式变为 D 宫调，但旋律情绪并未改变，延续了从间奏起的活跃与激昂，此部分王音旋几乎没有加入装饰性润腔，而是铿锵有力，凸显了此处穷苦人民的斗志昂扬。最后的合唱部分将情绪推向顶点，为作品增色不少，体现出人民群众对美好生活的向往和期待，以及对共产党的忠诚与信任。对于 A、B 两部分不同情感的表达，作曲家在创作中也有很多思考，最为明显的是偏音的使用。A 部分加入变宫和变徵，增加了不协和音程的使用，会让旋律有痛苦感，而 B 部分之所以旋律明快，是因为去掉了偏音。再有，作品 A 部分的开头第一句"苦菜花开满地黄"和 B 部分的开头第一句"苦菜花开香又香"采用了合头换尾的创作手法，这与歌词结构也十分吻合。前半部分旋律相同，后半部分"满地黄"的旋律进行均为级进音型，旋律线平稳且向下；而"香又香"的旋律进行多为跳进音型，旋律线曲折，起伏大。王音旋在演唱中也很好地利用了旋律走势，对演唱进行了力度上的变化控制，两个维度的创作配合大大增强了歌曲的情感表达。

谱例 35:《苦菜花开闪金光》A 部分开头第一句（第 5—8 小节）

苦　菜花　　开　　　满　地　黄，

谱例 36：《苦菜花开闪金光》B 部分开头第一句（第 31—34 小节）

苦 菜 花 　开 　 香 又 香，

在演唱 A 部分时，王音旋借鉴了戏曲中的哭腔。装饰性润腔的使用例如第 6 小节中的"开"与第 8 小节中的"黄"，分别加入了逆波音与顺波音，变为"re-do-re-si"和"la-si-la"，符合方言字调的同时利用波音凸显了哭腔，尤其是"开"字的波音为半音变化，更加体现了哀怨感。在咬字方面，王音旋将大多数字咬得非常重，在此基础上又借延长字头或字尾着重突出了第 10 小节中的"当"、第 13 小节中的"子"以及第 18 小节中的"何时"这几个字，结合较慢的旋律进行速度，有一种把每一个字都压在了听者心坎上的感觉。"苦"字一出，就已经将人们带入了悲伤的情绪之中。在气息运用上，哭腔将口、鼻等歌唱部位更加积极地调动了起来，使得王音旋的气息非常饱满，甚至给人一种用尽全力在发泄人间悲苦的听觉形象，增强了声音的穿透力。她在演唱时的情感递进与力度控制也很符合起承转合的四句式结构。

间奏结束后，B 部分的音乐形象有了一个很大的转变，没有了哭腔元素的痕迹，旋律进行速度也大幅提升。王音旋的演唱变得高亢激昂，积极向上，相比 A 部分，B 部分没有了曲折复杂的拖腔与装饰音，处理得更为干脆，体现出了老百姓的喜悦与干劲儿。

另外，王音旋在山东方言的处理上十分细致，例如"苦菜花开满地黄"和"朵朵鲜花迎太阳"，在演唱时会变成"苦菜（儿）花（儿）开满地（儿）黄"和"朵（儿）朵（儿）鲜花（儿）迎太阳"。还有方言中个别字的独特发音，如"永远跟着共产党"中的"着"，并不是"zhe"，而是"zhuo"。此外，王音旋在演唱这首歌曲时，相较于其他歌曲，使用的真声更多，这样的处理更加符合电影主题与人物形象。

三、对王音旋演唱的思考

（一）坚守本源

一位歌唱家之所以能够被大家熟知，被音乐界认可，除了其出色的表演和过硬的专业本领，对于演唱也定然有其个人解读。思想是根基，是源头，更是前驱力。对于民族声乐演唱，王音旋也始终有着自己的执着。

民歌是各民族伴随着广大人民群众的劳动生活与社会实践而产生，经过广泛的口头传唱逐渐形成和发展起来的，因此民歌本身包含着各民族、各地区最鲜明的地域文化与风格特色。对于山东民歌的语言运用，演唱者们的处理通常可分为三种情况：首先是完全使用山东方言，这与演唱者的生活环境息息相关，民间歌手的受众群体大多为当地百姓，这会使人们听后倍感亲切；其次，由于山东方言较之其他地方方言与普通话更为接近，所以现如今许多专业演员为了能够增加受众群体，会完全使用普通话，但其弊端显而易见；最后，一些演唱者会选择大部分使用普通话，只在个别字句加入方言特色进行强调。

王音旋对方言的处理则属于第一种情况，她认为在民歌演唱时须保留民族韵味，将山东特色贯彻到底。只要有机会，王音旋便会深入民间，静下心来，寻找创作源泉及演唱灵感。她曾访问过许多老一辈的山东民间歌手和老艺人，专门学习他们的乡土气息与一些特别的民歌演唱发声技巧。因此，王音旋的润腔，一则不会妨碍整个旋律线的顺利进行，二则可以达到不断校正字调的作用，通过加入装饰音来弥补旋律走向与调值的不吻合。在对其演唱作品进行润腔分析时，也能够发现许多明显或不明显的偏半音的装饰性处理。

"方言特点的过渡在地域上是渐变而不是突变的。"[1]"地区可以以山、河作界，语言可用'声调'划出'同言线'，音乐风格的区划却做不到这一点，因为音乐风格是逐渐过渡的，区与区之间无法硬性划出一条线，特别是在山东这类文化交流频繁的地区。"[2]综上，无论是方言还是音乐风格，我们都无法给予其明确的划分。尽管如此，王音旋仍然会通过对作品的反复琢磨，将风格特点尽可能地具体到山东的各个地区。

在声乐领域，唱法也是多元化的。当今许多著名歌唱家都选择将各种唱法兼并融合，王音旋对于不同体系、不同类别的唱法也同样做出过尝试与实践。

王音旋早期在深入民间进行采风时，有过对戏曲及曲艺的学习；在上海声乐研究所求学期间，王音旋接触过西洋的科学发声法；之后也在不断了解西方美声唱法的技术运用，对于盛行一时的"咽音"唱法，王音旋也有着深入研究，并发表了关于这一唱法如何在教学中运用的文章。

在那个年代，王音旋的演唱方式，既是正确的又是接地气的，音质明亮清澈，没有修饰，且具有科学性，可谓特点鲜明。对于传统的姊妹艺术，王音旋进行了研究与吸收，最终形成了适合自己嗓音且符合自己歌唱理念的唱法，并落实在具体的表演实践中。但对于西方美声唱法，王音旋只借鉴了其科学发声方式，却始终并未对其进行"兼并"。

（二）着眼于情

王音旋作为扎根群众和民间成长起来的老一辈民族声乐歌唱家，对作品的情感主旨非常看重，更多的是希望用自己的歌声更好地展现出作品的表达之需。

通过对王音旋所演唱作品的情感处理分析，很容易就能够发现这一特

[1] 钱曾怡：《汉语方言学方法论初探》，《中国语文》1987 年第 4 期。
[2] 乔建中：《土地与歌》，上海音乐学院出版社 2009 年版，第 189 页。

点。如上文中所提到的《苦菜花开闪金光》，王音旋在演唱时运用的真声偏多，笔者最初认为原因在于录制时间的久远，也许那个时期的演唱就是以真声为多，但经过欣赏比较同时间段的其他作品后，笔者发现并非如此。王音旋如此处理是为了能够更加贴合电影故事背景以及人物形象，既符合主人公农村妇女的形象，也符合人在极度悲苦状态下宣泄时的不顾一切。

情之展现同样也包括舞台表现力。多年来，由王音旋演唱的经典声乐作品，无不饱含着深情，无论是婉转抒情的《绣荷包》、欢快悠闲的《打秋千》、诙谐直白的《王大娘喂鸡》、还是形象鲜明、情绪强烈的《苦菜花开闪金光》，自然淳朴、悠扬亲切的《谁不说俺家乡好》，欢快俏皮、质朴爽朗的《我的家乡沂蒙山》，曲内曲外，字里行间，声情并茂，王音旋的每一次演出，都在用自己的二度创作为所诠释的作品锦上添花。

演唱特色的形成，除了程式化的方言数值和演唱技巧，更多的是来自歌者的主观性处理。"唱出人人心中所想、人人口中所无就是汉族民歌润腔的准则。"[1] 王音旋曾在教导学生时说："谁在唱？是我在唱。唱的是什么？唱的这首歌的意义和思想感情。怎么唱？得用心唱，要有情才能唱得更好，才能在舞台上成为一棵常青树。"

---

[1] 许讲真：《汉族民歌润腔概论》，人民音乐出版社 2009 年版，第 101 页。

附　录

民族声乐教材

王音旋

民族声乐教材

第一册

王音旋编

山东艺术学院

1987.3

目 录

— 3 —

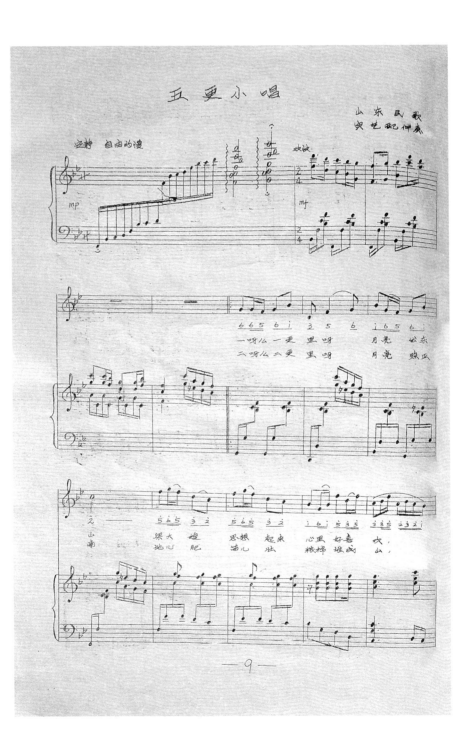

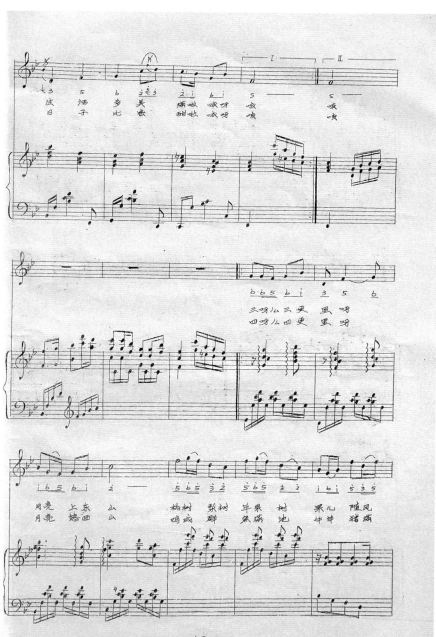

—10—

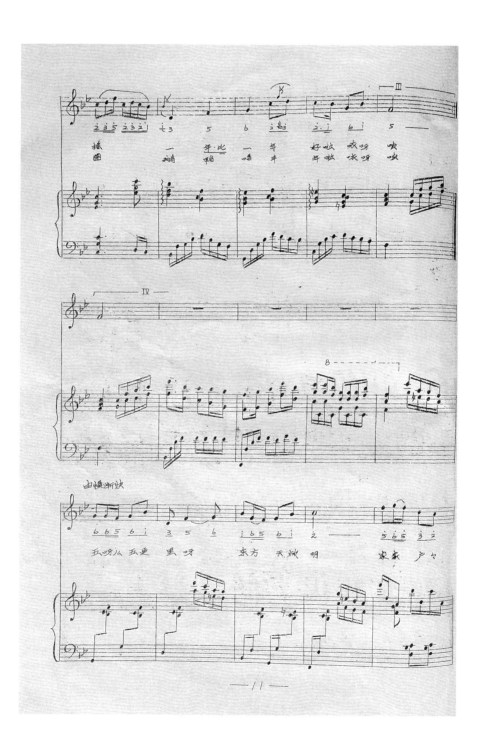

—11—

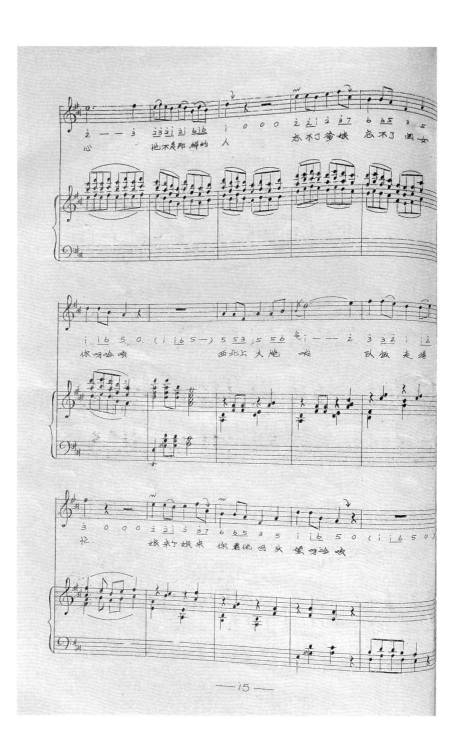

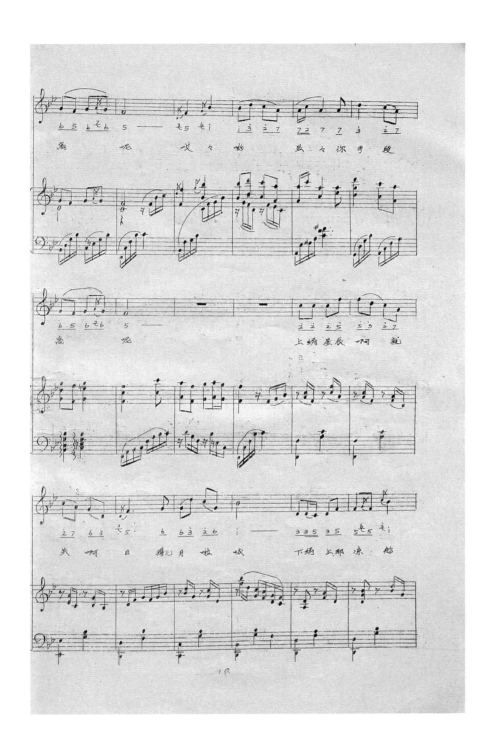

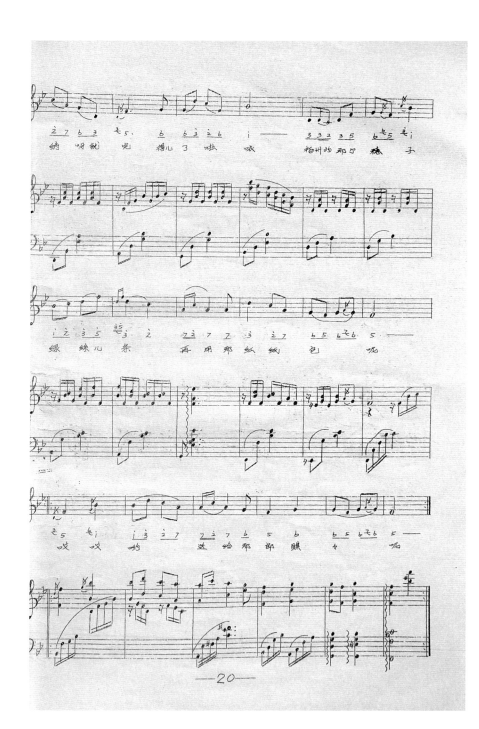

— 21 —

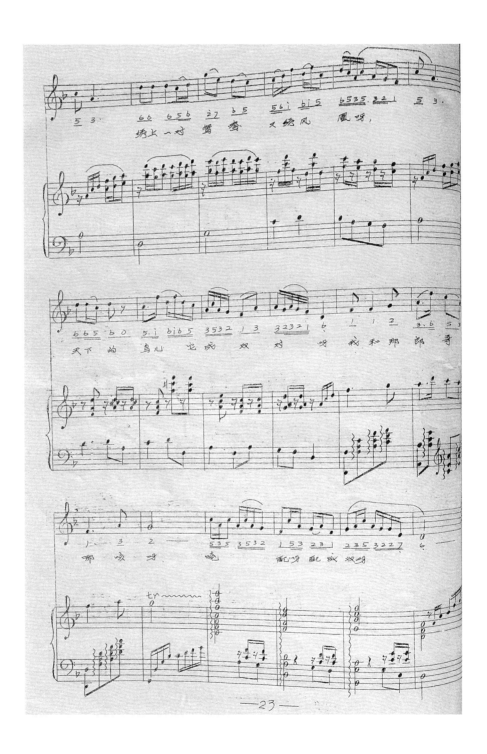

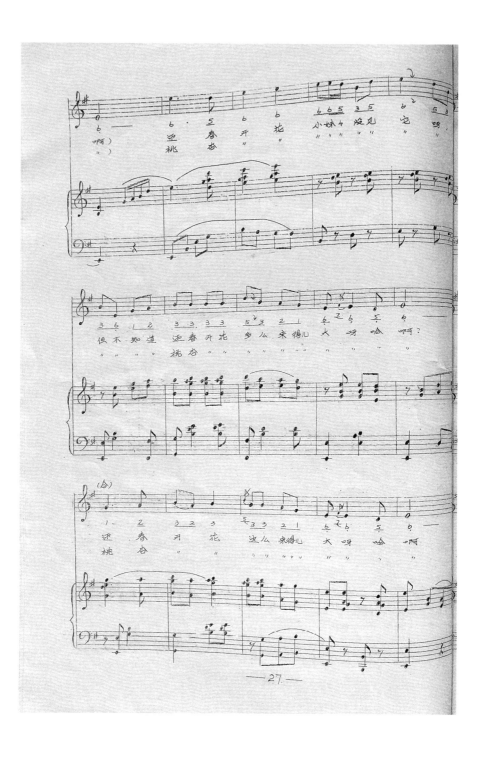

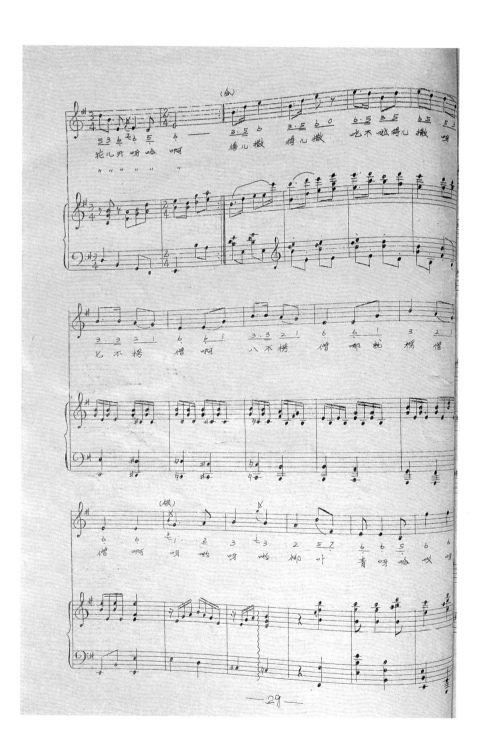

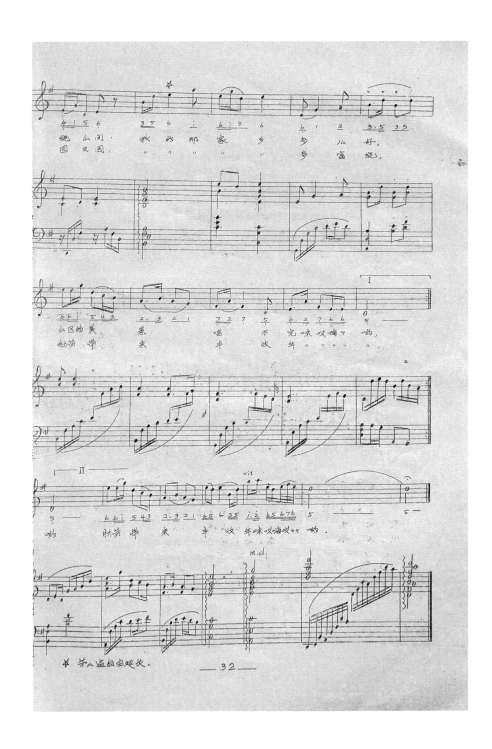

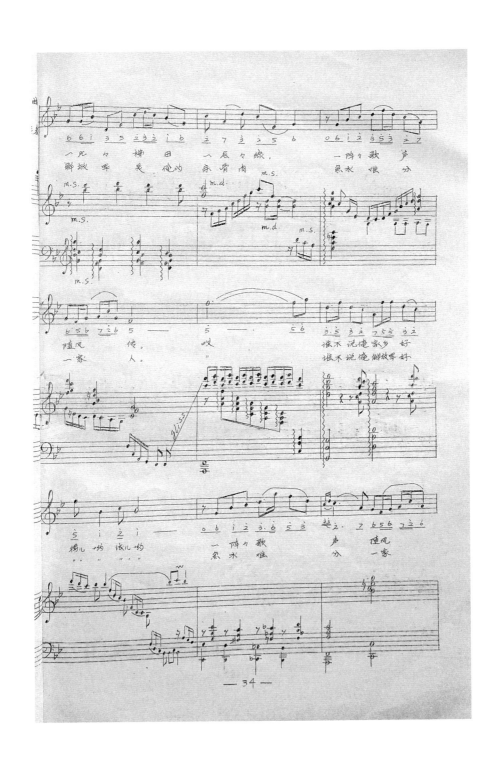

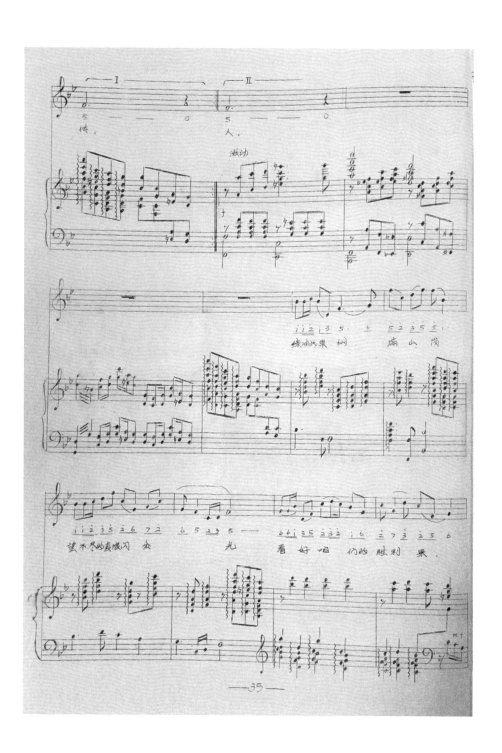

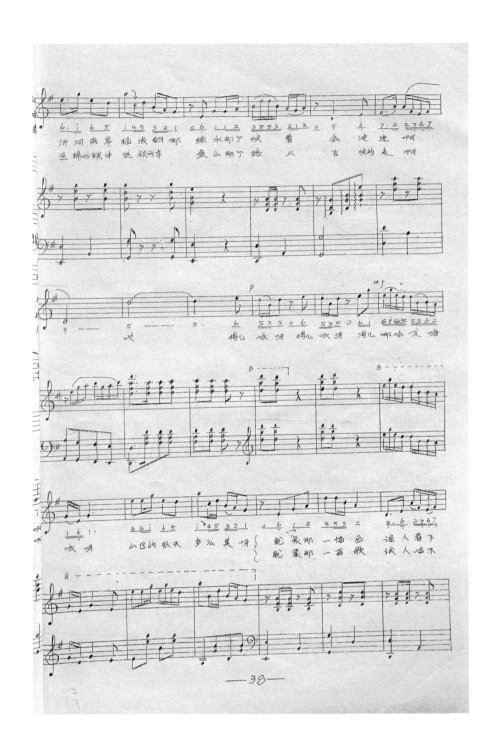

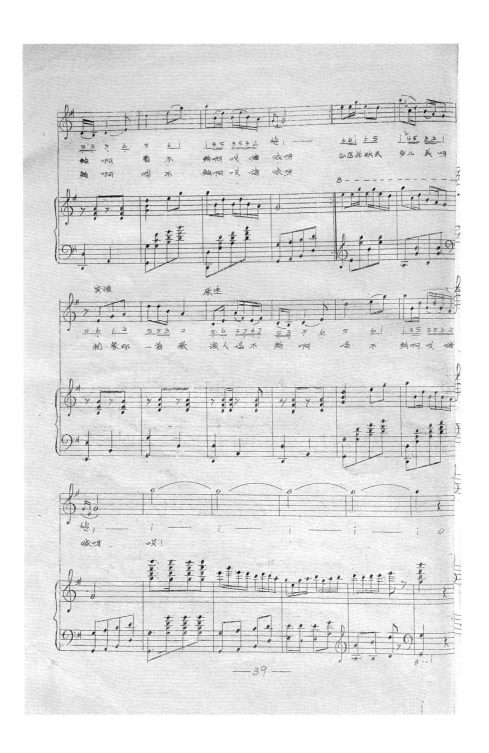

—39—

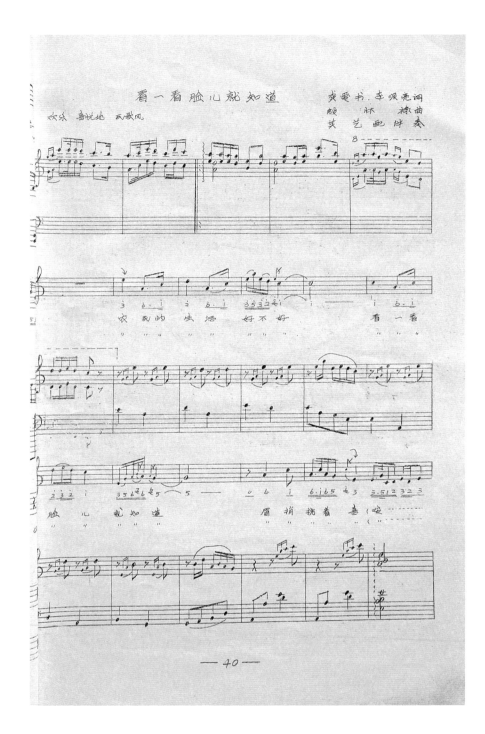

—41—

微山湖 采菱歌

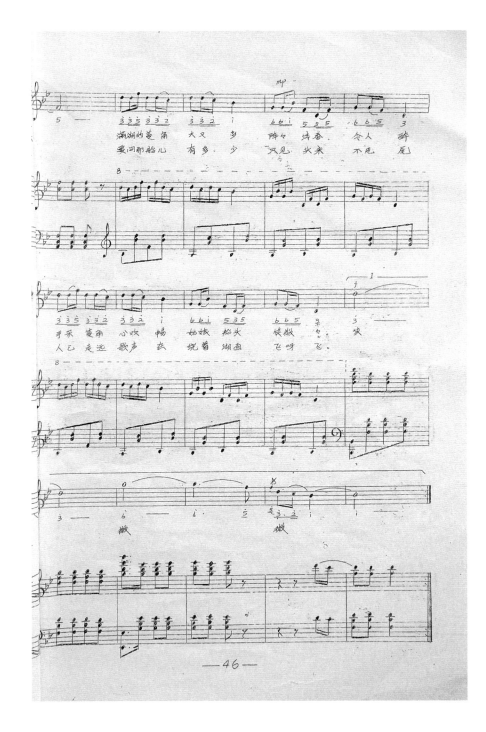

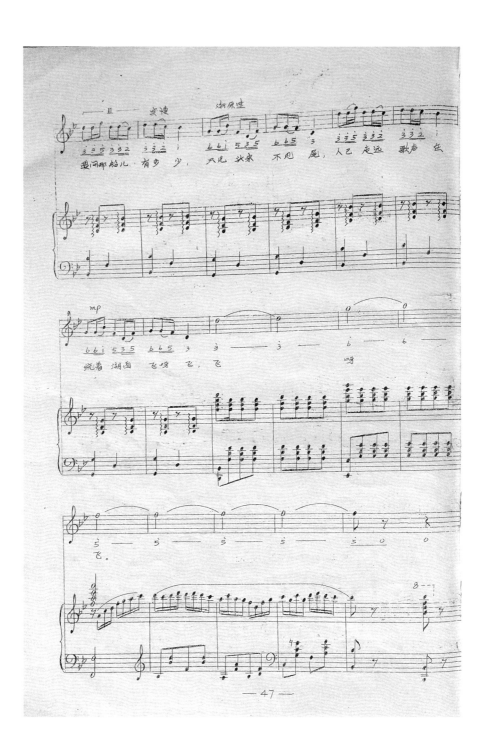

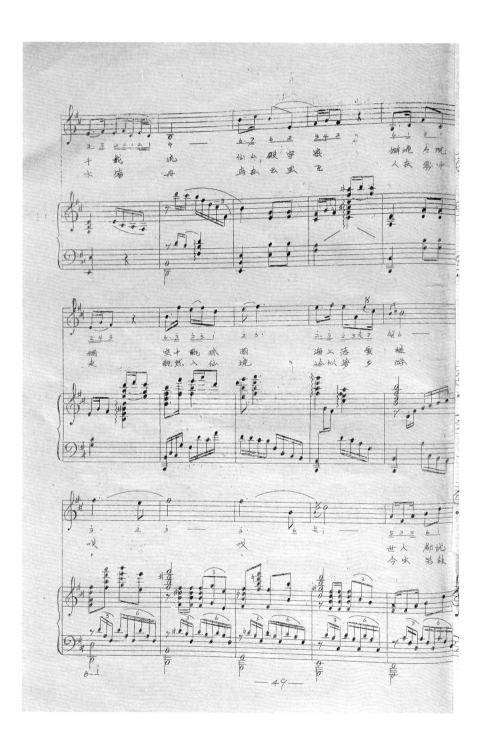

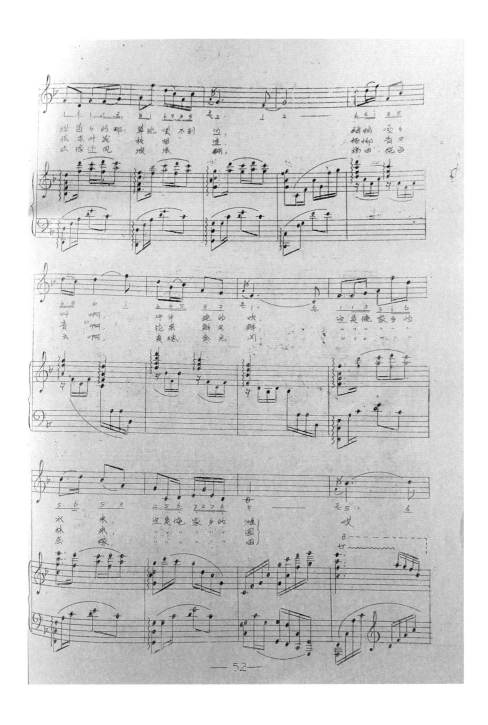

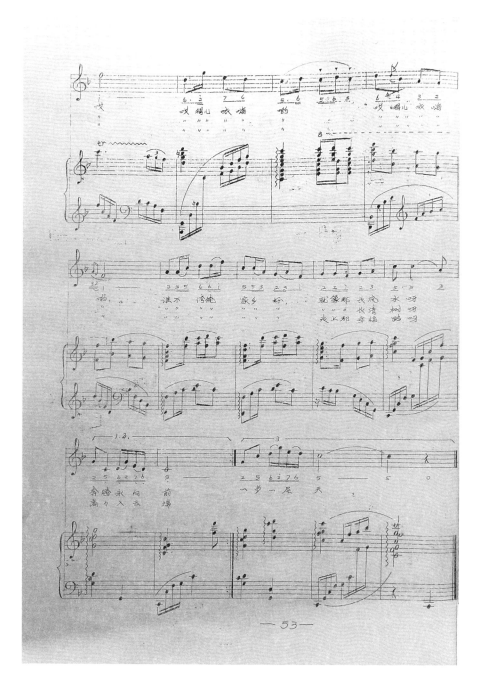

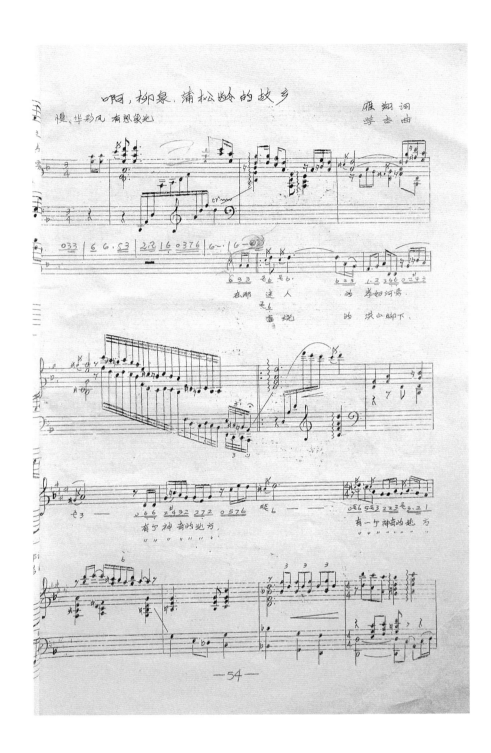

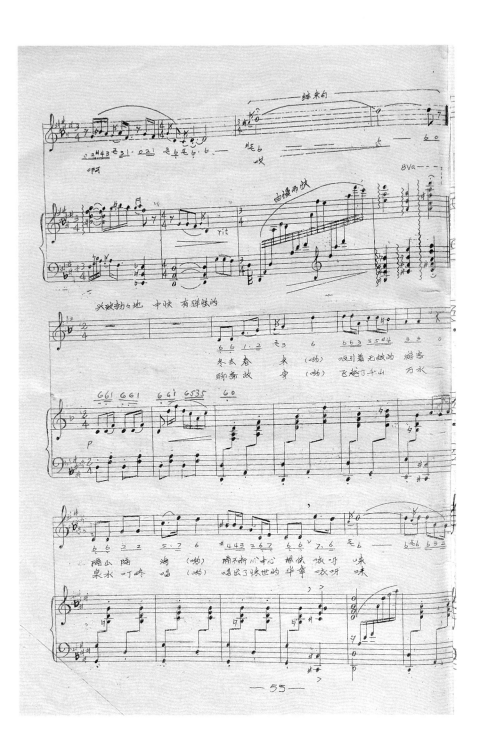

— 55 —

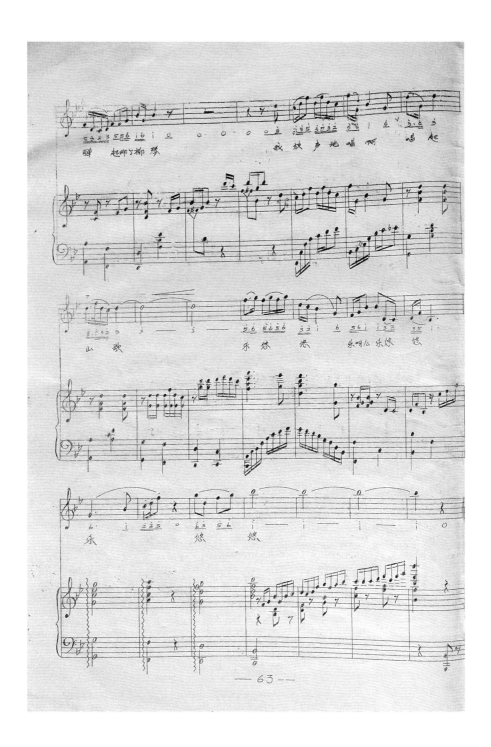